EL COOPERATIVISMO

Emiliano Godoy

EL
COOPERATIVISMO

VE Valletta Ediciones
2015

Godoy, Emiliano
  Manual de cooperativismo. - 1a ed. - Florida : Valletta Ediciones, 2014.
  150 p. ; 21x15 cm.

  ISBN 978-950-743-367-2

  1. Cooperativismo. I. Título
  CDD 334

Diagramación y armado: *Sergio Garófalo*

1° edición: *2015*

© **Valletta Ediciones S.R.L.**
  Laprida 1780 (1602) Florida
  Prov. de Buenos Aires - Rep. Argentina
  Tel/Fax: 005411-4796-5244 / 4718-1172
  E-mail: info@vallettaediciones.com
  www.vallettaediciones.com

ÍNDICE

CAPÍTULO I
INTRODUCCIÓN

CAPÍTULO II
EL COOPERATIVISMO

CAPÍTULO III
PRINCIPIOS COOPERATIVOS

CAPÍTULO IV
BANDERA E HIMNO DEL COOPERATIVISMO

CAPÍTULO V
SOCIEDAD COOPERATIVA

CAPÍTULO VI
ÁMBITO Y DERECHO COOPERATIVO

CAPÍTULO VII
TIPO DE COOPERATIVAS

CAPÍTULO VIII
GRANDES COOPERATIVISTAS

CAPÍTULO IX
NORMATIVA LEGAL INTERNACIONAL

CAPÍTULO X
CONCEPTO DE COOPERATIVA EN LATINOAMÉRICA

CAPÍTULO XI
ESTADOS CONTABLES E INFORMACIÓN COMPLEMENTARIA

CAPÍTULO I
INTRODUCCIÓN

NATURALEZA Y CONCEPTO

La sociedad cooperativa es una asociación en un sentido lato que no tiene fines de lucro, su causa es la solidaridad. El Diccionario de la Lengua Española, 22ª edición, la define como "la que se constituye entre productores, vendedores o consumidores para la utilidad común de los socios".

A su vez, la Alianza Cooperativa Internacional, cualquiera sea su constitución legal, incluye a toda asociación de personas que tiene por fin el mejoramiento económico y social de sus miembros por la explotación de una empresa, sobre la base de una ayuda recíproca, basada en los siguientes principios:

1) La adhesión a una cooperativa debe ser abierta y voluntaria. No deben haber restricciones artificiales ni discriminaciones sociales, religiosas o políticas.

2) Son organizaciones democráticas. Los socios de las cooperativas primarias deben gozar de los mismos derechos de voto; es decir, un socio, un voto, y participación en las decisiones que afectan a sus organizaciones. En las cooperativas no primarias, la administración debe conducirse sobre bases democráticas se-

gún un método adecuado. Las operaciones de una cooperativa deben ser administradas por personas elegidas o designadas por medio de un procedimiento acordado por sus socios y su responsable ante éstos.

3) El capital accionario, en el caso de recibir interés, debe serlo en una tasa estrictamente limitada.

4) Los excedentes producidos por las operaciones de una cooperativa, si los hay, pertenecen a los asociados y deben distribuirse de tal manera que se evite que uno de ellos obtenga ganancias a expensas de los otros. La distribución puede hacerse, por decisión de los asociados, de la siguiente manera:

• Destinándolos a la expansión de las operaciones de la cooperativa.

• Destinándolos a servicios comunes.

• Distribuyéndolos entre los socios en proporción a las operaciones realizadas con la sociedad.

• Todas las cooperativas deben tomar providencias para la educación de sus miembros, dependientes, directivos y público en general, en los principios y técnicas tanto económicos como democráticos, de la cooperación.

• Las cooperativas para servir mejor los intereses de sus miembros, deben colaborar por todos los medios con otros cooperativos a los niveles local, nacional e internacional.

Con relación a lo expuesto precedentemente el prestigioso autor Alfredo Althaus*, expresa:

"La definición de la Alianza Cooperativa Internacional está visiblemente inspirada en la de Fauquet, según la cual las cooperativas son asociaciones de personas cuyos miembros persiguen la satisfacción de sus necesidades personales, familiares o profesionales, por medio de una empresa común, dirigida por ellos mismos, a su ventaja y riesgo, sobre la base de la igualdad de sus derechos y obligaciones. Lambert, a su vez, la define como una empresa constituída y dirigida por una asociación de usuarios que aplican en su seno la regla de la democracia, y que tiende directamente al servicio tanto de sus miembros como del conjunto de la comu-

---

* Althaus, Alfredo. *Tratado de derecho cooperativo.*

nidad. En la doctrina nacional (Argentina), Leyserson enuncia los siguientes rasgos típicos: Es una asociación de personas basadas sobre el acuerdo de voluntades libremente manifestados, para la común explotación de la empresa; variabilidad del personal de socios y del capital; el fin inmediato y subjetivo consiste en la satisfacción de las necesidades por la acción común: la distribución de los beneficios se realiza a prorrata del importe de las operaciones hechas con cada asociado con las cooperativas. Kaplan de Drimer y Drimer describen los siguientes rasgos fundamentales: Son entidades integradas por grupos de personas con el objeto de atender a sus propias necesidades socio-económicas, constituyendo formas constructivas de protección, defensa o reacción; se basa en el esfuerzo propio y la ayuda mutua; comprenden elementos sociales y económicos traducidos en la asociación de personas y la empresa cooperativa; vigencia del espíritu cooperativo, expresado en los conceptos de solidaridad, igualdad, justicia, equidad y libertad, debiendo además coincidir con los intereses generales de la comunidad, a los que no deben contraponerse la acción de las cooperativas orientadas hacia la defensa de los intereses de sus asociados; se rigen por determinados principios o normas fundamentales, formulados por la doctrina y por sucesivos congresos de la Alianza Cooperativa Internacional. Saint Alary, luego de un prolijo estudio de los elementos propuestos como distintivos de las cooperativas, sólo reconoce tal carácter, que enumera en el siguiente orden jerárquico de importancia, a) Doble calidad de socio y usuario de los servicios sociales. b) Un voto por persona. c) Libre adhesión o "puertas abiertas". d) Distribución de los excedentes a prorrata de las operaciones efectuadas con la cooperativa. Coutant individualiza en el régimen legal francés seis principios fundamentales de la cooperación: carácter personal, gestión democrática, puertas abiertas o libre admisión, ausencia de beneficios o lucro, doble calidad o exclusivismo y federalismo. A los tres primeros lo vincula a la organización y funcionamiento de las empresas cooperativas; al cuarto a la parte de repartición de las riquezas, y a los dos últimos a la de circulación".

CAPÍTULO II
EL COOPERATIVISMO

HISTORIA DEL COOPERATIVISMO

Las transformaciones y la evolución del cooperativismo han sido notables. Si bien nos podemos remontar al antiguo Egipto, allá entre los 2000 y 1500 a. de C., la posibilidad de asociación de artesanos y maestros es más cierta en el siglo V a. de C. Aparecen en la actividad agrícola agrupaciones de tipo cooperativa. En Grecia y en China aparecen con características similares ciertas sociedades artesanales en el área de los servicios funerarios. En la etapa medieval aparecen referencias a los colegios romanos y a las guildas germánicas y anglosajonas. Franz Staudinger y otros como Heinrick Sienekin sostienen que la actividad cooperativa estuvo íntimamente vinculada con las empresas navieras y mineras de la Edad Media. Pero en realidad los orígenes determinantes de la evolución histórica del cooperativismo hay que ubicarlos en los célebres pioneros de Rochdale. Las convulsiones políticas, sociales y económicas provocadas por la aparición de la máquina de vapor, presentada por Watt en 1769 y aplicada posteriormente en una fábrica de algodón resultaron determinantes en la búsqueda de un cambio. Esta innovación mecánica produjo la sustitución de la mano de obra por la máquina. La desocupación y el empobrecimiento de los asalariados fueron las consecuencias más representativas de la aparición de la máquina de vapor. A su vez aparece una figura determinante hasta nuestro días como lo es el capitalismo.

Los tejedores y fundadores de la Rochdale Equitable Pioneers Society, empresa reconocida universalmente como pionera del cooperativismo, fue creada en 1844. Los componentes de la sociedad fueron: James Smithies, William Cooper, John Collier, Miles Ashworth, James Tweedale, John Holt, James Bramford, John Hill, John Scowcroft, James Standring, Joseph Smith, Robert Taylor, James Wilkinson, George Healey, David Brooks, Samuel Ashworth, William Mallalien, James Daley, John Bent, John Kershaw, Ana Tweedale, James Madem, James Manock, William Taylor, Benjamin Reedmac, John Garside, Sammuel Tweedale y Charles Howarth. Estas personas estaban desocupadas como consecuencia de una huelga, se unieron para abrir un almacén y fijaron como preceptos básicos para su administración, los llamados y conocidos como "Principios de Rochdale". En realidad no todos eran tejedores. El capital reunido fue de 28 libras esterlinas.

COOPERATIVISMO Y SOCIEDAD

La sociedad cooperativa es una de las formas jurídicas (la principal pero no la única) del fenómeno económico de la cooperación o mutualidad. No la única, puesto que existen entidades mutualistas. Para F. Messineo, la cooperativa tiene una finalidad mutualista, y como tal, se contrapone a las sociedades lucrativas. Mutualidad, implica que la sociedad debe limitarse a la distribución de las utilidades de los socios; no debe repartir reserva durante la vida de la sociedad y al cesar la sociedad, el patrimonio entero, el capital efectivamente desembolsado por los socios, debe ser destinado a fines de utilidad pública. Es ajeno a ella, por consiguiente, toda finalidad especulativa. La limitación de las utilidades repartibles, hace de esta última un carácter de derecho sustancial de la mutualidad. No obstante ella, según Messineo existen otros aspectos característicos de la sociedad cooperativa. La misma estrecha relaciones solamente con los socios (al menos, cuando refleja la llamada cooperación

pura) y las estrecha directamente con ellos, eliminando el llamado intermediario, Sea, el empresario comercial y el beneficio del
mismo; el hecho de que a los socios, a cambio de la limitación
en el reparto de las utilidades, les procura bienes y servicios a
precio inferior al corriente o de mercado; el hecho de que los
beneficios para los socios pueden no ser relacionados y proporcionales a las aportaciones; el hecho de que la mutualidad se
realiza, también, mediante intercambio de servicios entre socios,
o entre cooperativa y socios. Otra fórmula, quizás más precisa,
enuncia que la cooperativa, haciendo de intermediaria a favor
de los propios socios, renuncia a favor de éstos al propio beneficio; a aquel beneficio que, sin la cooperativa, redundaría en
ventaja del intermediario (individuo o sociedad lucrativa) a que
de ordinario debe recurrirse para obtener bienes o servicios.
Se puede contemplar en la cooperativa una especie de función
entre elementos de la sociedad de personas y elementos de las
sociedades de capitales; estos últimos están constituidos por las
remisiones a la disciplina de las sociedades por acciones. Más
en general, sostiene Messineo, la mutualidad se manifiesta en el
momento en que la sociedad cooperativa debe dar algún destino
a las utilidades; pero la misma, que se debe concebir como un
motivo relevante, y no como la causa de la sociedad, no altera el
hecho de que la cooperativa, antes de ser una entidad mutualista
es una especie del género sociedad. Desde el punto de vista de
la obtención de las utilidades no hay diferencia alguna entre la
sociedad lucrativa y la sociedad mutualística. La diferencia está
únicamente en la medida de la distribución de las utilidades, la
cual en la sociedad mutualista es limitada, mientras que en las
sociedades lucrativas, puede ser total. Por lo tanto, no es adecuado
sostener que la cooperativa, no se proponga obtener utilidades,
y tampoco que no las distribuya. Pero sí es razonable decir, según Messineo, en proporción modesta; por lo que la diferencia
respecto de la sociedad lucrativa, lo es, desde el mencionado
punto de vista, cuantitativo y no cualitativo. Además, el socio de
cooperativa recibe igualmente, no bajo forma de utilidades, pero
sí como beneficios económicos una compensación. Es decir, desde
el punto de vista económico, la contraposición de las sociedades
lucrativas queda atenuada si se reflexiona que, el beneficio eco-

nómico (aun cuando no utilidad en sentido jurídico, esto es, fruto
de capital) es no solamente el recibir dividendos, sino también
el ahorro sobre el precio en la adquisición de bienes o servicios.
No obstante ello, es un tema controvertido en la doctrina. Es
necesario remarcar que la participación en la cooperativa no es
libre, es necesario que quien aspira a ser socio de ella pertenezca
a una determinada categoría de personas que a su vez requiere
determinados bienes y servicios, y en consideración a la cual
la ley sustancial consiente la constitución de la sociedad y le
confía el ejercicio de determinadas actividades. A su vez, Cesare
Vivante sostiene que "las cooperativas están constituidas por un
número ilimitado de socios, por lo común pertenecientes a las
clases más humildes, que tratan de prestarse por medio de un
fondo social aquellos servicios que de otra manera tendrían que
pagar a los traficantes por un precio más alto". Agrega: "Todas
las aplicaciones de método cooperativo se proponen mejorar
las condiciones de los socios, ayudando a su peculio particular
con la industria de la empresa social, y repartiendo entre ellos
los beneficios resultantes de ella en proyección al trabajo que
prestaron a la sociedad". A pesar del transcurso del tiempo el
espíritu del cooperativismo, se mantiene intacto y vigente. Es un
movimiento que fomenta la reforma de las estructuras económicas
actuales mediante la expansión del sistema cooperativo. Aspira a
dar fundamentos éticos a la producción y el consumo eliminando
la competencia con fines de lucro en las relaciones económicas.
En primera instancia es necesario expresar que se contrapone
al individualismo capitalista. Es una corriente social basada e
inspirada en los intereses comunitarios. Existe una evidente y
clara autonomía frente al Estado. De todo lo expuesto resulta
claro que se torna fundamental la capacidad de iniciativa de
los componentes o miembros de esta corriente para resolver los
problemas del sistema. Ha crecido en forma sucesiva y progresi-
va, fundamentalmente en las últimas décadas. Paralelamente ha
sido objeto de estudio de todos los países, ya sea en las distintas
clases de cooperativas que pueden interesar su funcionamiento
por los beneficios que proporcionan a sus asociados, y directa
o indirectamente a la economía en general.

CAPÍTULO III
PRINCIPIOS COOPERATIVOS

CONTENIDOS

En un inicio los pioneros de Rochdale formularon los siete principios del sistema cooperativo de la economía, en 1844. Pero estos fueron modificándose durante el transcurso del tiempo. Los primeros fueron: 1) control democrático por los socios; 2) adhesión libre y voluntaria; 3) pago de interés limitado al capital aportado; 4) distribución de los beneficios económicos entre los socios en proporción al patrocinio; 5) educación; 6) neutralidad política y religiosa; y, 7) ventas al contado. Posteriormente en 1937, el Congreso de la Alianza Cooperativa Internacional realizado en París, Francia, se establecieron otros: 1) libre adhesión de los miembros; 2) control democrático por los socios; 3) distribución de los excedentes en proporción al patrimonio de los socios con la cooperativa; 4) pago de interés limitado al capital de los asociados. Estos principios fueron llamados "esenciales", pero también se expusieron otros como "secundarios": 1) promoción de la educación; 2) mentalidad política y religiosa; y, 3) compras y ventas al contado. En 1966, en otro Congreso de la Alianza Cooperativa Internacional, en Viena, Austria, se produjo otra reformulación: 1) adhesión libre y voluntaria; 2) control democrático; 3) interés limitado al capital; 4) retorno de excedentes a los socios; 5) educación; y, 6) integración entre las cooperativas, y 7)compromiso con la comunidad. Finalmente en

1995, en Manchester, Inglaterra, se elaboraron los principios cooperativos como lineamientos por medio de los cuales las cooperativas ponen en práctica sus valores. 1) Adhesión abierta y voluntaria: las cooperativas son organizaciones voluntarias, abiertas para todas aquellas personas dispuestas a utilizar sus servicios y dispuestas a aceptar las responsabilidades que conlleva la condición de socios, sin discriminación de género, raza, clase social, posición política o religiosa. 2) Control democrático de los socios: las cooperativas son organizaciones democráticas controladas por sus socios, quienes participan activamente en la definición de las políticas y en la toma de decisiones. Los hombres y mujeres elegidos para representar a su cooperativa, responden ante los socios. En las cooperativas de base, los socios tienen igual derecho de voto (un socio, un voto), mientras en las cooperativas de otros niveles también se organizan con procedimientos democráticos. 3) Participación económica de los socios: los socios contribuyen de manera equitativa y controlan de manera democrática el capital de la cooperativa. Usualmente reciben una compensación limitada, si es que hay, sobre el capital suscripto, como condición de socio. Los socios asignan excedentes para cualquiera o todos los siguientes propósitos: el desarrollo de la cooperativa, mediante la posible creación de reservas, de las cuales al menos una parte debe ser indivisible; los beneficios para los socios en proporción con sus transacciones con la cooperativa; y el apoyo de otras actividades, según lo aprueben los socios. 4) Autonomía e independencia: las cooperativas son organizaciones autónomas de ayuda mutua controladas por sus socios. Si entran en acuerdos con otras organizaciones (incluyendo gobiernos) o tienen capital de fuentes externas, lo realizan en términos que aseguren el control democrático por parte de sus socios y mantengan la autonomía de la cooperativa. 5) Educación, entrenamiento e información: las cooperativas brindan educación y entrenamiento a sus socios, a sus dirigentes electos, gerentes y empleados, de tal forma que contribuyan eficazmente al desarrollo de sus cooperativas. Las cooperativas informan al público en general, particularmente a los jóvenes y creadores de opinión acerca de la naturaleza y beneficios del cooperativismo. 6) Cooperación entre cooperativas: las cooperativas sirven a sus socios más eficazmente y fortalecen el movimiento cooperativo, trabajando de manera conjunta por medio de estructuras locales, nacionales, regionales e internacionales. 7) Compromiso con la comunidad: la cooperativa trabaja para el desarrollo sostenible de su comunidad por medio de políticas aceptadas por sus socios.

CAPÍTULO IV
BANDERA E HIMNO DEL COOPERATIVISMO

LA BANDERA

La bandera de la cooperación está formada por los colores del arco iris, que simbolizan los ideales y objetivos de paz universal, la unidad que supera las diferencias políticas, económicas, sociales, raciales o religiosas y la esperanza de humanidad en un mundo mejor, donde reine la libertad, la dignidad personal, la justicia social y la solidaridad. Tiene los siete colores del arco iris, en franjas horizontales, que simbolizan su carácter universal y pluralista, a través de los hombres de todos los credos e ideas que se unen para trabajar por el bienestar general. En ella se recogen los colores de todas las banderas del mundo y es el único símbolo de carácter universal del movimiento. En las fiestas de la cooperación ondea junto a los pabellones nacionales de todos los países afiliados a la Alianza Cooperativa Internacional. Al colocar la bandera en el mástil, el color rojo debe ir hacia arriba, por decisión de la Alianza Cooperativa Internacional en su reunión de año 1925. Representa un símbolo de la cooperación, está conformada por los colores del arco iris, en franjas horizontales. A continuación se enuncia el significado de cada uno de ellos: 1) Rojo, representa el fuego, la amistad y el amor que une a los seres humanos; 2) Amarillo, expresa el color del sol que brinda luz, calor y vida; 3) Naranja, simboliza el esplendor de un amanecer fulgurante de los distintos aspectos y objetivos de cada cooperativa; 4) Celeste, expectativa e ilusión de vida basada en la estimulación del color del cielo; 5) Verde, representa la ilusión de un mundo mejor, solidario y fraternal; 6) Azúl marino, significa el valor para abrir nuevos caminos y senderos basados en la fe y solidaridad y 7) Violeta, expresa la humildad para acercarnos al prójimo sin intereses ni egoísmos, por el contrario con los brazos abiertos. La propuesta fue presentada por Charles Gide en la reunión de la Alianza Cooperativa Internacional, institución creada en 1895, que en la actualidad tiene 249 organizaciones en 93 países que representan a más de 1000 millones de personas.

EL HIMNO

No existe uno de carácter universal pero generalmente se presenta el siguiente:

> Se agiganta el cooperativismo
> con su real y fructífera acción
> que trasciende cual fuente creadora
> de servicio, trabajo y unión.
>
> En ambiente vital, solidario
> que involucra el sentido del bien
> donde arde la llama del triunfo
> del más noble y sublime quehacer.
>
> Las campanas sonoras del viento
> su mensaje doquier llevan ya la
> función del cooperativismo
> se engrandece a nivel nacional.
>
> Ya se palpa por toda la Patria
> esta empresa eficiente y capaz
> donde el buen asociado es ejemplo
> de virtud y justicia social.
>
> Se agigantan las cooperativas
> con su real y fructífera acción
> que trasciende cual fuente creadora
> de servicio, trabajo y unión.
>
> Música: José Joaquín Prado
> Letra: Humberto Gamboa A.

CAPÍTULO V
SOCIEDAD COOPERATIVA

ANTECEDENTES

El origen, la conformación y el funcionamiento de una cooperativa son aspectos importantes a desarrollar pero es necesario previamente abordar el concepto de este tipo asociativo. En España, en términos generales, el concepto de "Sociedad Cooperativa" se puede sintetizar en: organización concreta del sistema cooperativo, que lleva en sí el germen de una transformación social encaminada a abolir el lucro y el régimen del asalariado para sustituirlo por la solidaridad y la ayuda mutua, sin suprimir la libertad individual *(R. Rojas Coria)*. Una de las formas jurídicas, la principal, pero no la única, del fenómeno económico de la cooperación o mutualidad. No la única, puesto que se dan entidades mutualistas (o sea, igualmente, manifestaciones de cooperación) que no son sociedades. La cooperativa tiene una finalidad mutualística; y como tal, se contrapone a la sociedad lucrativa. Mutualidad implica que la sociedad debe limitar (no, sin embargo, abolir) la distribución de la utilidad a los socios; no debe repartir reservas durante la vida de la sociedad y al cesar la sociedad, el patrimonio entero, reembolsa el capital efectivamente desembolsado por los socios, debe ser destinado a fines de utilidad pública. Es ajena a ellas, por consiguiente, toda finalidad especulativa *(F. Messineo)*. Asociación que no tiene fines de lucro, su causa es la solidaridad. El Diccionario de la Lengua Española la define como "la que se constituye entre productores, vendedores o consumidores para la utilidad común de los socios". A su vez, la *Alianza Cooperativa Internacional*, cualquiera sea su constitución legal, incluye a toda asociación de personas que tiene por fin el mejoramiento económico y social de sus miembros por la explotación de una empresa, sobre la base de una ayuda recíproca, basada en los siguientes principios: 1) la adhesión a una cooperativa debe ser abierta y voluntaria. No debe haber restricciones artificiales ni discriminaciones sociales, religiosas o políticas; 2) son organizaciones democráticas. Los socios de las cooperativas primarias deben gozar de los mismos derechos de voto; es decir, un socio, un voto, y participación en las decisiones que afectan a sus organizaciones. En las cooperativas no primarias, la administración debe conducirse sobre bases democráticas según un método adecuado. Las operaciones de una cooperativa deben ser administradas por personas elegidas o designadas por medio de un procedimiento acordado por sus socios y su responsable ante éstos; 3) el capital accionario, en el caso de recibir interés, debe serlo a una tasa estrictamente limitada; 4) los excedentes producidos por las operaciones de una cooperativa, si los hay, pertenecen a los asociados y deben distribuirse de tal manera que se evite que uno de ellos obtenga ganancias a expensas de los otros. La distribución puede hacerse, por decisión de los asociados, de la siguiente manera: a) destinándolos a la expansión de las operaciones de la cooperativa; b) destinándolos a servicios comunes; c) distribuyéndolos entre los socios en proporción a las operaciones realizadas con la sociedad; d) todas las cooperativas deben tomar providencias para la educación de sus miembros, dependientes, directivos y público en general, en los principios y técnicas tanto económicos como democráticos, de la cooperación; y, e) las cooperativas, para servir mejor a los intereses de sus miembros, deben colaborar por todos los medios con otras cooperativas a los niveles local, nacional e internacional *(Alianza Cooperativa Internacional)*. Con relación a lo expuesto precedentemente el prestigioso autor *Alfredo Althaus,* expresa: "La definición de la Alianza Cooperativa Internacional está visiblemente inspirada en la de Fauquet, según la cual las cooperativas son asociaciones de personas cuyos miembros persiguen la satisfacción de sus necesidades personales, familiares o profesionales, por medio de una empresa común, dirigida por ellos mismos, a su ventaja y riesgo, sobre la base de la igualdad de sus derechos y obligaciones. *Lambert*, a su vez, la define como una empresa constituida y dirigida por una asociación de usuarios que aplican en su seno la regla de la democracia, y que tiende directamente al servicio tanto de sus miembros como del conjunto de la comunidad. *Leyerson* enuncia los siguientes rasgos típicos: es una asociación de personas basadas sobre el acuerdo de voluntades libremente manifestadas, para la común explotación de la empresa; variabilidad del personal de socios y del capital; el fin inmediato y subjetivo consiste en la satisfacción de las necesidades por la acción común: la distribución de los beneficios se realiza a prorrata del importe de las operaciones hechas con cada asociado con las cooperativas. Las cooperativas pueden ser, de acuerdo con su objeto: ganaderas, tamberas, agrícolas, vitivinícolas, mineras, de consumo, de crédito, de provisión de servicios, de servicios médicos, de enseñanza, de servicios telefónicos, pesqueras, hortícolas, agropecuarias, agrícolas, de exportación, frutihortícolas, asistenciales, etcétera Empresa constituida y dirigida por una asociación de usuarios, aplicando en su interior la regla de la democracia y que tiende directamente al servicio tanto de sus miembros como del conjunto de la comunidad.

Otro enfoque nos permite ubicar a la sociedad cooperativa como una de las formas jurídicas, pero no la única, del fenómeno económico de la cooperación o mutualidad. Según Francisco Messineo, la sociedad cooperativa tiene finalidad mutualística; y como tal, se contrapone a las sociedades lucrativas. Además el hecho de que la cooperativa estrecha relaciones solamente con los socios (al menos cuando realiza, la llamada cooperación pura) y las estrecha directamente con ellos, eliminando el llamado intermediario, o sea, el empresario comercial y el beneficio del mismo; el hecho de que a los socios, a cambio de la limitación en el reparto de las utilidades, les procura bienes o servicios a precio inferior al corriente, o de mercado; el hecho de que los beneficios para los socios pueden no ser relacionados y proporcionales a las aportaciones; el hecho de que la mutualidad se realiza, también, mediante intercambio de servicios entre socios o entre cooperativa y socios.

Para Messineo, es un correctivo del sistema económico capitalístico. Suele contemplarse en la cooperativa una especie de fusión entre elementos de la sociedad de personas y elementos de las sociedades de capitales; estos últimos están constituidos por las remisiones a la disciplina de las sociedades por acciones. Más en general, la mutualidad se manifiesta en el momento en que la sociedad cooperativa debe dar algún destino a las utilidades; pero la misma (mutualidad), que se debe concebir como un motivo relevante y no como la causa de la sociedad, no altera el hecho de que la cooperativa, antes de ser una entidad mutualista es una especie del género sociedad. Desde el punto de vista de la obtención de las utilidades, no hay diferencia alguna entre sociedad lucrativa y sociedad mutualística. La diferencia está únicamente en la medida de la distribución de las utilidades, la cual, en la sociedad mutualística es limitada, mientras que en las sociedades lucrativas puede ser total.

Distintos autores a través de muchos años han emitido diversas definiciones, no obstante ello, la esencia o el principio fundamental es que la riqueza debe generarse para la satisfacción de las necesidades humanas.

Para J.M. Villareal: "Será considerada como una sociedad cooperativa aquella en la cual cada accionista tenga un solo voto y esté organizada para ejercer en el común interés de sus miembros, toda actividad económica legal. Sus miembros pueden ser personas físicas o jurídicas. Los excedentes de la sociedad deberán ser utilizados en el interés general de sus miembros y de sus clientes o distribuidos equitativamente en efectivo, en acciones, en títulos o en servicios y a prorrata de las operaciones hechas por la sociedad entre las personas para las cuales ella funcionase."

CAPÍTULO VI
ÁMBITO Y DERECHO COOPERATIVO

La actividad cooperativa no encuadra en las características del acto de comercio, sus fines son distintos, por lo tanto, el hecho cooperativo en su génesis, en su naturaleza y fines está fuera del ámbito comercial propiamente dicho, responde a otras características. En virtud de lo expuesto, aparece el Derecho Cooperativo como una rama especializada del Derecho, que está dirigida a organizar la actividad de los entes cooperativos. Es necesario resaltar que en general los contenidos básicos de las distints legislaciones internacionales son muy similares. Dichos contenidos son las fuentes de interpretación e integración que se han incorporado a cada leislación, son los principios cooperativos que constituyen la estructura básica del mundo cooperativo.

ANTECEDENTES

En 1867 se produjo la aparición del primer Código Cooperativo. El término Derecho Cooperativo fue empleado por primera vez por Otto Gierke en su obra de cooperativismo. En la misma aparecen los comentarios de las leyes de su tiempo, iniciando el estudio del cooperativismo como una disciplina jurídica que hasta el momento no había adquirido trascendencia. Si bien su participación se refirió al ámbito jurídico, es indudable que tuvo una notable repercusión en el ámbito económico y, fundamentalmente, en el campo sociológico. a partir de entonces, los juristas comienzan a aportar una amplia bibliografía acerca del cooperativismo.

CONCEPTO

Es una rama especializada del derecho que está dirigida a organizar y plasmar las distintas actividades y objetos de los entes cooperativos. Los contenidos de los mismos son prácticamente comunes en todo el mundo, las fuentes de interpretación de esta rama jurídica son los "principios cooperativos", fuente de información y determinación de las diversas situaciones jurídicas que se engendran entre las organizaciones cooperativas con el Estado, con las personas de existencia visible y con las personas jurídicas.

El derecho cooperativo como rama especializada del Derecho, dirigido a organizar la actividad de los entes cooperativos, tiene los mismos contenidos básicos en todo el mundo. No obstante ello, lo podríamos sintetizar como "conjunto de normas especiales, jurisprudenciales, doctrinas y prácticas basadas en los principios que determinan y condicionan la actuación de los organismos cooperativos y los sujetos que en ellos participan.

ESTATUTO COOPERATIVO

Una de las acepciones del término estatuto, de acuerdo con el Diccionario de la Real Academia Española expresa: "Establecimiento, regla que tiene fuerza de ley para un gobierno de un cuerpo". No obstante ello, con el objeto de tipificar más acertadamente el significado de un estatuto, en el ámbito cooperativo es necesario referirse a un "conjunto de reglas básicas estipuladas por los socios, que rigen la organización, administración y funcionamiento de la entidad y la relación de esta con aquellas"*. Está constituido por un conjunto de disposiciones mínimas que fijan los derechos y las obligaciones de los componentes de la

---

* S. Reyes y otros.

sociedad, la regulación, el funcionamiento y el cierre de una cooperativa. También es necesario destacar el principio de autonomía que subyace en la vida cooperativa. A modo de ejemplo, a continuación se incluyen los aspectos básicos a tener en cuenta en un estatuto:

1) Constitución, domicilio, duración, objeto.

2) Asociados. Requisitos. Derechos y obligaciones. Condiciones. Exclusiones.

3) Capital social. Cuotas. Transferencia. Integración. Reembolso.

4) Contabilidad y ejercicio social. Libros. Excedentes repartibles. Retornos.

5) Asambleas. Ordinarias y extraordinarias. Convocatoria orden del día.

6) Administración y representación. Consejeros. Síndicos. Atribuciones y deberes de los funcionarios.

7) Fiscalización privada. síndico. Auditoría externa.

8) Disolución y liquidación. Liquidadores. Funciones. Aprobación balance. Sobrante patrimonial.

9) Disposiciones inherentes a cada objeto.

MODELO*

Capítulo I - Constitución, domicilio, duración y objeto

Art. 1. — Con la denominación de Cooperativa... Limitada, se constituye una cooperativa de ..., que se regirá por las disposiciones del presente estatuto, y en todo aquello que éste no previere, por la legislación vigente en materia de cooperativas.

Art. 2. — La cooperativa tendrá su domicilio legal en ...

Art. 3. — La duración de la cooperativa es ilimitada. En caso de disolución, se hará con arreglo a lo establecido por este estatuto y la legislación cooperativa.

---

* Ver variantes según el tipo de cooperativas, pues existen modificaciones en varios artículos.

Art. 4. — La cooperativa excluirá de todos sus actos las cuestiones políticas, religiosas, sindicales, de nacionalidad, regiones o razas determinados.

Art. 5. — La cooperativa tendrá por objeto ... (según la clase de cooperativa).

Art. 6. — El Consejo de Administración dictará los reglamentos internos a los que se ajustarán las operaciones previstas en el artículo anterior, fijando con precisión los derechos y obligaciones de la Cooperativa y de sus miembros. Dichos reglamentos no tendrán vigencia sino una vez que hayan sido aprobados por la Asamblea y por la autoridad de aplicación de la Ley 20.337 y debidamente inscritos, excepto los que sean de mera organización interna de las oficinas.

Art. 7. — La Cooperativa podrá organizar las secciones que estime necesarias con arreglo a las operaciones que constituyen su objeto.

Art. 8. — Por resolución de la asamblea, o del Consejo de Administración ad referéndum de ella, la Cooperativa podrá asociarse con otras para formar una federación o adherirse a una ya existente a condición de conservar su autonomía e independencia.

Capítulo II - De los asociados

Art. 9. — Podrá asociarse a esta cooperativa ... (según la clase de cooperativa)

Art. 10. — Toda persona que quiera asociarse deberá presentar una solicitud por escrito ante el Consejo de Administración, comprometiéndose a suscribir cuotas sociales por lo menos, y a cumplir las disposiciones del presente estatuto y de los reglamentos que en su consecuencia se dicten.
(Indicar el número de cuotas sociales. Téngase presente, por otra parte, que el estatuto puede establecer un procedimiento para la formación e incremento del capital en proporción con el uso real o potencial de los servicios sociales (art. 27 de la ley 20.337). Si así lo hiciera, deberá determinar con claridad las pautas aplicables.

El número de cuotas sociales puede ser fijo o variable, no así el valor nominal de los mismos, y por lo tanto puede colocarse qué cantidad de cuotas sociales deben ser necesarias para asociarse suscribir e integrar una cantidad de cuotas sociales equivalentes al mismo valor de algún producto que tenga precio oficial).

Art. 11. — Son obligaciones de los asociados: a) Integrar las cuotas suscritas. b) Cumplir los compromisos que contraigan con la Cooperativa. c) Acatar las resoluciones de los órganos sociales, sin perjuicio del derecho de recurrir contra ellas en la forma prevista por este estatuto y por las leyes vigentes. d) Mantener actualizado el domicilio, notificando fehacientemente a la cooperativa cualquier cambio del mismo.

Art. 12. — Son derechos de los asociados: a) Utilizar los servicios de la Cooperativa, en las condiciones estatutarias y reglamentarias. b) Proponer al Consejo de Administración y a la Asamblea las iniciativas que crean convenientes al interés social. c) Participar en las Asambleas con voz y voto. d) Aspirar al desempeño de los cargos de administración y fiscalización previstos por este estatuto siempre que reúnan las condiciones de elegibilidad requeridas. e) Solicitar la convocación a Asamblea Extraordinaria de conformidad con las normas estatutarias. f) Tener libre acceso a las constancias de registro de asociados. g) Solicitar al Síndico información sobre las constancias de los demás libros. h) Retirarse voluntariamente
(El asociado puede retirarse voluntariamente al finalizar el ejercicio social dando aviso con 30 días de antelación o en la época determinada por el estatuto)

Art. 13. — El Consejo de Administración podrá excluir a los asociados en los casos siguientes: a) Incumplimiento debidamente comprobado de las disposiciones del presente estatuto o de los reglamentos sociales. b) Incumplimiento de las obligaciones contraídas con la Cooperativa. c) Comisión de cualquier acto que perjudique moral o materialmente a la Cooperativa.

En cualquiera de los casos precedentemente mencionados, el asociado excluido podrá apelar, sea ante la Asamblea Ordinaria o ante una Asamblea Extraordinaria, dentro de los 30 días de la notificación de la medida. En el primer supuesto, será condición de admisibilidad del recurso su presentación hasta 30 días antes de la expiración del plazo dentro del cual debe realizarse la Asamblea Ordinaria. En el segundo supuesto, la apelación deberá contar con el apoyo del ... % de los asociados, como mínimo. El recurso tendrá efecto suspensivo.

(**Debe indicarse el efecto del recurso; ase aconseja que se le de el caracter de "suspensivo". En cooperativas de trabajo, si se desea establecer algún régimen de sanciones a los asociados, esto debe quedar consignado expresamente, garantizando además que en todos los casos dichas sanciones serán recurribles –apelables– de manera similar a la situación de la exclusión**).

Capítulo III - Del capital social

Art. 14. — El capital social es ilimitado y estará constituído por cuotas sociales indivisibles de pesos... cada una y constarán en acciones representativas de una o más cuotas sociales que revestirán el carácter de nominativas y que podrán transferirse sólo entre asociados y con el acuerdo del Consejo de Administración en las condiciones establecidas en el párrafo tercero de este artículo. Las cuotas sociales serán pagaderas al contado o fraccionadamente en montos y plazos que fijará el Consejo de Administración teniendo en cuenta lo dispuesto en el art. 25 de la ley 20.337. El Consejo de Administración no acordará transferencia de cuotas sociales durante el lapso que medie entre la convocatoria de una Asamblea y la realización de ésta.

Art. 15. — Las acciones serán tomadas de un libro talonario y contendrán las siguientes formalidades;
a) Denominación, domicilio, fecha y lugar de constitución.
b) Mención de la autorización para funcionar y de la inscripción prevista por la ley 20.337.
c) Número y valor nominal de las cuotas sociales que representan;
d) Número correlativo de orden y fecha de emisión.
e) Firma autógrafa del Presidente, Tesorero y el Síndico.

Art. 16. — La transferencia de cuotas sociales producirá efectos recién desde la fecha de su inscripción en el registro de asociados. Se hará constar en los títulos respectivos, con la firma del cedente o su apoderado y las firmas prescritas en el artículo anterior.

Art. 17. — El asociado que no integre las cuotas sociales suscritas en las condiciones previstas en este estatuto incurrirá en mora por el mero vencimiento del plazo y deberá resarcir los daños e intereses. La mora comportará la suspensión de los derechos sociales. Si intimado el deudor a regularizar su situación en un plazo no menor de 15 días no lo hiciera, se producirá la caducidad de sus derechos con pérdida de las sumas abonadas, que serán transferidas al fondo de reserva especial. Sin perjuicio de ello, el Consejo de Administración podrá optar por el cumplimiento del contrato de suscripción.

Art. 18. — Las cuotas sociales quedarán afectadas como mayor garantía de las operaciones que el asociado realice con la Cooperativa. Ninguna liquidación definitiva a favor del asociado puede ser practicada sin haberse descontado previamente todas las deudas que tuviere con la Cooperativa.

Art. 19. — Para el reembolso de cuotas sociales se destinará el % del capital integrado conforme al último balance aprobado, atendiéndose las solicitudes por riguroso orden de presentación. Los casos que no puedan ser atendidos con dicho porcentaje lo serán en los ejercicios siguientes por orden de antigüedad. Las cuotas sociales pendientes de reembolso devengarán un interés equivalente al 50 % de la tasa fijada por el Banco Central de la República argentina para los depósitos en caja de ahorro. "Y para el caso que éste no lo fijare se tomará como base el que fije el Banco de la Nación Argentina, para operaciones similares".

(**Debe indicarse el porcentaje destinado a reembolso teniendo en cuenta que no puede ser menor al 5 % del capital integrado según el último balance aprobado**).

Art. 20. — En caso de retiro, exclusión o disolución, los asociados sólo tienen derecho a que se les reembolse el valor nominal de sus cuotas sociales integradas, deducidas las pérdidas que proporcionalmente les correspondiere soportar.

Capítulo IV - De la contabilidad y el ejercicio social

Art. 21. La contabilidad será llevada en idioma nacional y con arreglo a lo dispuesto por el art. 43 del Código de Comercio.

Art. 22. — Además de los libros prescritos por el art. 44 del Código de Comercio, se llevarán los siguientes:

1) Registro de Asociados.

2) Actas de Asambleas.

3) Actas de reuniones del Consejo de Administración.

4) Informes de Auditoría. Dichos libros serán rubricados conforme a lo dispuesto por el art. 38 de la Ley 20.337.

Art. 23. — Anualmente se confeccionan inventarios, balance general, estado de resultados y demás cuadros anexos, cuya presentación se ajustará a las disposiciones que dicte la autoridad de aplicación. A tales efectos, el ejercicio social se cerrará el día ... del mes ... de cada año.

Art. 24. — La memoria anual del Consejo de Administración deberá contener una descripción del estado de la Cooperativa con mención de las diferentes secciones en que opera, actividad registrada, y los proyectos en curso de ejecución. Hará especial referencia a:

1) Los gastos e ingresos cuando no estuvieren discriminados en el estado de resultados u otros cuadros anexos.

2) La relación económica social con la cooperativa de grado superior, en el caso de que estuviere asociada conforme al art. 8 de este estatuto, con mención del porcentaje de las respectivas operaciones.

3) Las sumas invertidas en educación y capacitación cooperativa, con indicación de la labor desarrollada o mención de la cooperativa de grado superior o institución especializada a la que se hubiesen remitido los fondos respectivos para tales fines.

Art. 25. — Copias del balance general, estado de resultados y cuadros anexos, juntamente con la memoria y acompañadas de los informes del Síndico y del Auditor y demás documentos, deberán ser puestas a disposición de los asociados en la sede, sucursales y cualquier otra especie de representación permanente, y remitidas a la autoridad indicadas en el art. 41 de la ley 20.337, según corresponda con no menos de quince días de anticipación a la realización de la Asamblea que considerará dichos documentos. En caso de que los mismos fueran modificados por la Asamblea se remitirá también copia de los definitivos de acuerdo al citado art. 41 dentro de los 30 días.

Art. 26. — Serán excedentes repartibles sólo aquellos que provengan de la diferencia entre el costo y el precio del servicio prestado a los asociados. De los excedentes repartibles se destinarán:

1) El cinco por ciento a reserva legal.

2) el cinco por ciento al fondo de acción asistencial y laboral o para estímulo del personal.

3) El cinco por ciento al fondo de educación y capacitación cooperativa.

4) (insertar el texto que correspondiere).

(Si se resuelve pagar interés a las cuotas sociales, debe insertarse el siguiente texto como inc. 4: "Una suma indeterminada para pagar un interés a las cuotas sociales, el cual no podrá exceder en más de un punto al que cobra el Banco de la Nación Argentina en sus operaciones de descuento".

En caso de resolver que no se pagara interés a las cuotas sociales integradas insertar el siguiente texto como inciso 4: "No se pagará interés a las cuotas sociales integradas".

5) El resto se distribuirá entre los asociados en concepto de retorno en proporción...

("En proporción al consumo hecho por cada asociado" (cuando se trate de cooperativas o secciones de consumo de bienes o servicios).

"Es proporción al monto de las operaciones realizadas por cada asociado" (cuando se trate de cooperativas o secciones de provisión y de comercialización de productos en estado natural o elaborados).

"En proporción al capital aportado" o "en proporción a los servicios utilizados" (cuando se trate de cooperativas de crédito, las cuales podrán optar por cualquiera de los dos sistemas).

"La proporción a las operaciones realizadas o servicios utilizados por cada asociado" (cuando se trate de otras cooperativas o secciones). (Cuando la entidad contase con varias secciones, deberá especificar la forma de distribuír el retorno en cada una de ellas.)

Art. 27. — Los resultados se determinarán por secciones y no podrán distribuírse excedentes sin compensar previamente los quebrantos de las que hubieran arrojado pérdidas. Cuando se hubieren utilizado reservas para compensar quebrantos no se podrán distribuír excedentes sin haberlas reconstituído al nivel anterior a su utilización. Tampoco podrán distribuírse excedentes sin haber compensado las pérdidas de ejercicios anteriores.

Art. 28. — La asamblea podrá resolver que el retorno ..... se distribuya total o parcialmente.

Art. 29. — El importe de los retornos quedará a disposición de los asociados después de treinta días de realizada la Asamblea. En caso de no ser retirado dentro de los ciento ochenta días siguientes será acreditado en cuotas sociales.

Capítulo V - De las asambleas

Art. 30. — Las Asambleas serán Ordinarias y Extraordinarias. La Asamblea Ordinaria deberá realizarse dentro de los 4 meses siguientes a la fecha de cierre del ejercicio para considerar los documentos mencionados en el art. 25 de este estatuto y elegir consejeros y síndicos, sin perjuicio de los demás asuntos incluídos en el Orden del Día. Las Asambleas Extraordinarias tendrán lugar toda vez que lo disponga el Consejo de Administración o el Síndico conforme lo previsto en el art. 65 de este estatuto, o cuando lo soliciten asociados cuyo número equivalga por lo menos al ...% del total. Se realizarán dentro del plazo de 30 días de recibida la solicitud en su caso. El Consejo de Administración puede denegar el pedido incorporando los asuntos que lo motivan al Orden del Día de la Asamblea Ordinaria cuando ésta se realice dentro de los noventa días de la fecha de presentación de la solicitud.

Art. 31. — Las Asambleas tanto Ordinarias como Extraordinarias serán convocadas con 15 días de anticipación por lo menos a la fecha de su realización. La convocatoria incluirá el Orden del Día a considerar y determinará fecha, hora, lugar y realización y carácter de la Asamblea. Con la misma anticipación, la realización de la Asamblea será comunicada a las autoridades indicadas en el art. 48 de la ley 20.337, según corresponda, acompañando, en su caso, la documentación mencionada en el art. 25 de este estatuto y toda otra documentación que deba ser considerada por la Asamblea. Dichos documentos y el padrón de asociados serán puestos a la vista y a disposición de los asociados en el lugar en que se acostumbre exhibir los anuncios de la Cooperativa. Los asociados serán citados por escrito a la Asamblea, haciéndoles saber la convocatoria y el Orden del Día pertinente y el lugar donde se encuentra a su disposición la documentación a considerar.

Art. 32. — Las Asambleas se realizarán válidamente sea cual fuere el número de asistentes, una hora después de la fijada en la convocatoria, si antes no se hubiere reunido la mitad más uno de los asociados.

Art. 33. — Será nula toda decisión sobre materia extraña a las incluídas en el Orden del Día, salvo la elección de los encargados de suscribir el acta.

Art. 34. — Cada asociado deberá solicitar previamente a la Administración el certificado de las cuotas sociales que se servirá de entrada a la Asamblea, o bien, si así lo resolviera el Consejo, una tarjeta credencial en la cual constará su nombre. El certificado o la credencial se expedirá también durante la celebración de la Asamblea. Antes de tomar parte en las deliberaciones, el asociado deberá firmar el libro de asistencia. Tendrán voz y voto los asociados que hayan integrado las cuotas sociales suscritas o, en su caso, estén al día en el pago de las mismas, a falta de ese requisito sólo tendrán derecho a voz. Cada asociado tendrá un solo voto cualquiera fuera el número de sus cuotas sociales.

Art. 35. — Los asociados podrán presentar iniciativas o proyectos al Consejo de Administración, el cual decidirá sobre su rechazo o su inclusión en el Orden del Día de la Asamblea. Sin embargo, todo proyecto o proposición presentado por asociados cuyo número equivalgan al ... % del total, por lo menos, antes de la fecha de emisión de la convocatoria, será incluido obligatoriamente en el Orden del día.

Art. 36. — Las resoluciones de las Asambleas se adoptarán por simple mayoría de los presentes en el momento de la votación, con excepción de las relativas a las reformas del estatuto, cambio de objeto social, fusión o incorporación o disolución de la cooperativa, para las cuales se exigirá una mayoría de dos tercios de los asociados presentes en el momento de la votación. Los que se abstengan de votar serán considerados a los efectos del cómputo como ausentes.

Art. 37. — ... podrán votar por poder...

Art. 38. — Los Consejeros, Síndicos, Gerentes y Auditores tienen voz en las Asambleas pero no pueden votar sobre la memoria, el balance y demás asuntos relacionados con su gestión ni acerca de las resoluciones referentes a su responsabilidad.

Art. 39. — Las resoluciones de las Asambleas, y las síntesis de las deliberaciones que las preceden serán transcritas en el libro de actas a que se refiere el art. 22 del presente estatuto, debiendo las actas ser firmadas por el Presidente, el Secretario y dos asociados designados por la Asamblea. Dentro de los 30 días siguientes a la fecha de realización de la Asamblea se deberá remitir a las autoridades de aplicación ...., copia autenticada de acta y de los documentos aprobados en su caso. Cualquier asociado podrá solicitar, a su costa, copia del acta.

Art. 40. — Una vez constituida la Asamblea, debe considerar todos los puntos incluídos en el Orden del Día, sin perjuicio de pasar a cuarto intermedio una o más veces dentro de un plazo total de 30 días, especificando, en cada caso, día, hora y lugar de reanudación. Se confeccionará acta de cada reunión.

Art. 41. — Es de competencia exclusiva de la Asamblea, siempre que el asunto figure en el Orden del Día, la consideración de:
1) Memoria, balance general, estado de resultados y demás cuadros anexos.
2) Informes del Síndico y del Auditor.
3) Distribución de excedentes.
4) Fusión o incorporación.
5) Disolución.
6) Cambio de objeto social.
7) Asociación con personas de otro carácter jurídico.
8) Modificación del estatuto.
9) Elección de Consejeros y Síndicos.

Art. 42. — Los Consejeros y Síndico podrán ser removidos en cualquier tiempo por resolución de la Asamblea. Esta puede ser adoptada aunque no figure en el Orden del Día, si es consecuencia directa de asunto incluido en él.

Art. 43. — El cambio sustancial del objeto social da lugar al derecho de receso, el cual podrá ejercerse por quienes no votaron favorablemente, dentro del quinto día, y por los ausentes dentro de los 30 días de clausura de la Asamblea. El reembolso de las cuotas sociales por esta causa se efectuará dentro de los 90 días de notificada la voluntad de receso. No rige en este último caso la limitación autorizada por el art. 19 de este estatuto.

Art. 44. — Las decisiones de las Asambleas conformes con la ley, el estatuto y los reglamentos son obligatorias para todos los asociados, salvo lo dispuesto en el artículo anterior.

Capítulo VI - De la administración y representación

Art. 45. — La administración de la Cooperativa estará a cargo de un Consejo de Administración constituido por ... titulares y ... suplentes.

(El consejo de administración podrá tener miembros titulares y suplentes (nunca menos de tres titulares). Debe tenerse presente al determinar el número de integrantes del consejo, que dicho número no sea excesivo a los efectos de que pueda formarse el quorum necesario para votar en las asambleas la documentación contable correspondiente al ejercicio social).

Art. 46. — Para ser Consejero se requiere: a) Ser asociado. b) Tener plena capacidad para obligarse. c) No tener deudas vencidas con la Cooperativa. d) Que sus relaciones con la Cooperativa hayan sido normales y no hayan motivado ninguna compulsión judicial.

Art. 47. — No pueden ser Consejeros:

a) Los fallidos por quiebra culpable o fraudulenta hasta 10 años después de su rehabilitación.

b) Los fallidos por quiebra casual o los concursados, hasta 5 años después de su rehabilitación.

c) Los directores o administradores de sociedades cuya conducta se calificare de culpable o fraudulenta, hasta 10 años después de su rehabilitación.

d) Los condenados con accesoria de inhabilitación de ejercer cargos públicos, hasta 10 años después de cumplir la condena.

e) Los condenados por hurto, robo, defraudación, cohecho, emisión de cheques sin fondos, delitos contra la fe pública, hasta 10 años después de cumplida la condena.

f) Los condenados por delitos cometidos en la constitución, funcionamiento y liquidación de sociedades, hasta diez años después de cumplida la condena.

g) Las personas que perciban sueldos, honorarios, o comisiones de la Cooperativa, salvo lo previsto en el art. 50 de este estatuto.

Art. 48. — Los miembros del Consejo de Administración serán elegidos por la Asamblea y durarán ... ejercicios en el mandato.

(La duración del cargo no puede exceder de tres ejercicios. Se puede establecer el sistema de la renovación parcial y anual por mitades o por tercios (según que el mandato dure dos o tres ejercicios, respectivamente); en tal supuesto, debe preverse que la determinación de los miembros que han de cesar al cabo del primer ejercicio (o de los dos primeros ejercicios) se hará por sorteo, procediéndose en lo sucesivo por antigüedad. Se deberá tener en cuenta el número par o impar de los consejeros a los efectos de determinar la manera y forma de la renovación anual y parcial. Puede establecerse que: los consejeros sean reelegibles o prohibirse expresamente la reelección.)

Art. 49. — En la primera sesión que realice, el Consejo de Administración distribuirá entre sus miembros titulares los cargos siguientes: ....

(Indicar los cargos de presidente, vicepresidente, secretario, tesorero, etc.) y el número de vocales según corresponda.)

Art. 50. — Por resolución de la Asamblea podrá ser retribuído el trabajo personal realizado por los Consejeros en el cumplimiento de la actividad institucional. Los gastos efectuados en el ejercicio del cargo serán reembolsados.

Art. 51. — El Consejo de Administración se reunirá por lo menos una vez al mes y cuando lo requiera cualquiera de sus miembros. En este último caso la convocatoria se hará por el Presidente para reunirse dentro del sexto día de recibido el pedido. En su defecto podrá convocarlo cualquiera de los Consejeros. El quórum será de más de la mitad de los Consejeros. Si se produjera vacancia después de incorporados los suplentes, el Síndico designará a los reemplazantes hasta la reunión de la primera Asamblea.

Art. 52. — Los Consejeros que renunciaren deberán presentar su dimisión al Consejo de Administración, y éste podrá aceptarla siempre que no afectare su regular funcionamiento. En caso contrario el renunciante deberá continuar en funciones hasta tanto la Asamblea se pronuncie.

Art. 53. — Las deliberaciones y resoluciones del Consejo de Administración serán registradas en el libro de actas a que se refiere el art. 22 de este estatuto, y las actas deberán ser firmadas por el Presidente y el Secretario.

Art. 54. — El Consejo de Administración tiene a su cargo la dirección de las operaciones sociales dentro de los límites que fija el presente estatuto, con aplicación supletoria de las normas del mandato.

Art. 55. — Son deberes y atribuciones del Consejo de Administración:

a) Atender la marcha de la Cooperativa, cumplir el estatuto y los reglamentos sociales, sus propias decisiones y las resoluciones de la Asamblea.

b) Designar el Gerente y demás empleados necesarios: señalar sus deberes y atribuciones, fijar sus remuneraciones; exigirles las garantías que crea convenientes; suspenderlos y despedirlos.

c) Determinar y establecer los servicios de administración y el presupuesto de gastos correspondientes.

d) Dictar los reglamentos internos que sean necesarios para el mejor cumplimiento de los fines de la Cooperativa, los cuales serán sometidos a la aprobación de la Asamblea de asociados y a la autoridad de aplicación antes de entrar en vigencia, salvo que se refieran a la mera organización interna de las oficinas de la Cooperativa.

e) Considerar todo documento que importe obligación de pago o contrato que obligue a la Cooperativa, y resolver al respecto.

f) Resolver sobre la aceptación o rechazo, por acto fundado, de las solicitudes de ingreso a la Cooperativa.

g) Autorizar o negar la transferencia de cuotas sociales, conforme al art. 14 de este estatuto.

h) Solicitar préstamos a los bancos oficiales, mixtos o privados, o a cualquier otra institución de crédito; disponer la realización de empréstitos internos con sujeción a los reglamentos respectivos.

i) Adquirir, enajenar, gravar, locar, y, en general, celebrar toda clase de actos jurídicos sobre bienes muebles o inmuebles, requiriéndose la autorización previa de la Asamblea cuando el valor de la operación exceda del ... por ciento del capital suscrito según el último balance aprobado.

j) Iniciar y sostener juicios de cualquier naturaleza, incluso querellas; abandonarlos o extinguirlos por transacción, apelar, pedir revocatoria y, en general, deducir todos los recursos previstos por las normas procesales; nombrar procuradores o representantes especiales; celebrar transacciones extrajudiciales; someter controversias a juicio arbitral o de amigables componedores; y, en síntesis, realizar todos los actos necesarios para salvaguardar los derechos e intereses de la Cooperativa.

k) Delegar en cualquier miembro del cuerpo el cumplimiento de disposiciones que, a su juicio, requieran ese procedimiento para su más rápida y eficaz ejecución.

l) Otorgar al Gerente, otros empleados o terceros, los poderes que juzgue necesarios para la mejor administración, siempre que éstos no importen delegación de facultades inherentes al Consejo; dichos poderes subsistirán en toda su fuerza aunque el Consejo haya sido renovado o modificado, mientras no sean revocados por el cuerpo.

m) Procurar, en beneficio de la Cooperativa, el apoyo moral y material de los poderes públicos e instituciones que directa o indirectamente puedan propender a la más fácil y eficaz realización de los objetivos de aquélla.

n) Convocar a las Asambleas Ordinarias y Extraordinarias y asistir a ellas; proponer o someter a su consideración todo lo que sea necesario u oportuno.

ñ) Redactar la memoria anual que acompañará al inventario, el balance y la cuenta de pérdidas y excedentes correspondientes al ejercicio social, documentos que, con el informe del Síndico y del Auditor y el proyecto de distribución de excedentes, deberá presentar a consideración de la Asamblea, A tal efecto el ejercicio social se cerrará en la fecha indicada en el art. 23 de este estatuto.

o) Resolver sobre todo lo concerniente a la Cooperativa no previsto en el estatuto, salvo aquello que esté reservado a la competencia de la Asamblea...........................

Art. 56. — Los Consejeros sólo podrán ser eximidos de responsabilidad por violación de la ley, el estatuto o el reglamento, mediante la prueba de no haber participado en la resolución impugnada o la constancia en acta de su voto en contra.

Art. 57.— Los Consejeros podrán hacer uso de los servicios sociales en igualdad de condiciones con los demás asociados.

Art. 58.— El Consejero que en una operación determinada tuviera un interés contrario al de la Cooperativa, deberá hacerlo saber al Consejo de Administración y al Síndico y abstenerse de intervenir en la deliberación y en la votación. Los Consejeros no pueden efectuar operaciones por cuenta propia o de terceros en competencia con la Cooperativa.

Art. 59.— El Presidente es el representante legal de la Cooperativa en todos sus actos. Son sus deberes y atribuciones vigilar el fiel cumplimiento del estatuto, de los reglamentos y de las resoluciones del Consejo de Administración y de la Asamblea; disponer la citación y presidir las reuniones de los órganos sociales precedentemente mencionados; resolver interinamente los asuntos de carácter urgente, dando cuenta al Consejo en la primera sesión que celebre; firmar con el Secretario y el Tesorero los documentos previamente autorizados por el Consejo que importen obligación de pago o contrato que obligue a la Cooperativa; firmar con el Secretario las escrituras públicas que sean consecuencia de operaciones previamente autorizadas por el Consejo; firmar con el Secretario y Tesorero las memorias y los balances; firmar con las personas indicadas en cada caso los documentos referidos en los arts. 15, 39 y 53 de este estatuto; otorgar con el Secretario los poderes autorizados por el Consejo de Administración.

Art. 60.— El .... reemplazará al Presidente con todos sus deberes y atribuciones en caso de ausencia

transitoria o vacancia del cargo. A falta de Presidente y ....
.... y al solo efecto de sesionar, el Consejo de Administración o la Asamblea, según el caso, designarán como Presidente ad hoc a otro de los Consejeros. En caso de fallecimiento, renuncia o revocación del mandato el ....será reemplazado por un Vocal.

Llenar con el cargo de consejero que suple al presidente (ej.: Vicepresidente, si hubiera sido previsto en el estatuto).

Art. 61. — Son deberes y atribuciones del Secretario: Citar a los Miembros del Consejo a sesión y a los asociados a Asamblea cuando corresponda según el presente estatuto; refrendar los documentos sociales autorizados por el Presidente, redactar las actas y memorias; cuidar del archivo social; llevar los libros de actas de sesiones del Consejo y de reuniones de la Asamblea. En caso de ausencia transitoria o vacancia del cargo, el Secretario será reemplazado por .... con los mismos deberes y atribuciones.

(Indicar que consejero reemplazará al secretario (ej.: un Vocal). En caso de haber Prosecretario podrá reemplazarse por éste.)

Art. 62. — Son deberes y atribuciones del Tesorero: Firmar los documentos a cuyo respecto se prescribe tal requisito en el presente estatuto; guardar los valores de la Cooperativa; llevar el Registro de Asociados; percibir los valores que por cualquier título ingresen a la Cooperativa; efectuar los pagos autorizados por el Consejo de Administración, y presentar a éste los estados mensuales de Tesorería. En caso de ausencia transitoria o vacancia del cargo, el Tesorero será reemplazado por ....con los mismos deberes y atribuciones.

(Indicar qué Consejero reemplazará al Tesorero –ej. un Vocal–. En caso de haber Protesorero podrá reemplazarse por éste.)

Capítulo VII - De la Fiscalización Privada

Art. 63. — La fiscalización estará a cargo de ...., que serán elegidos entre los asociados por la Asamblea y durarán ....
ejercicios en el cargo .... suplente reemplazará
.... titular .... en caso de ausencia tran-

sitoria o vacancia del cargo, con los mismos deberes y atribuciones.

(Téngase presente que la fiscalización privada puede estar a cargo de varios síndicos (cuyo número, en tal caso, deberá ser impar), que actuarán bajo la denominación de "Comisión Fiscalizadora". Si se opta por tal sistema, deberá efectuarse en el estatuto las adecuaciones pertinentes. La duración en el cargo no podrá exceder de 3 ejercicios. Se debe tener en cuenta que si se nombra una comisión fiscalizadora, ésta deberá llevar un libro de actas de sus reuniones y resoluciones, además, se deberá sustituír el término síndico por comisión fiscalizadora en los artículos en que se hace referencia.)

Art. 64. — No podrán ser Síndicos:

1) Quienes se hallen inhabilitados para ser Consejeros de acuerdo con los arts. 46 y 47 de este estatuto.

2) Los cónyuges y los parientes de los Consejeros y gerentes por consanguinidad o afinidad hasta el segundo grado inclusive.

Art. 65. — Son atribuciones del Síndico:

a) Fiscalizar la administración, a cuyo efecto examinará los libros y los documentos siempre que lo juzgue conveniente.

b) Convocar, previo requerimiento al Consejo de Administración, a Asamblea Extraordinaria cuando lo juzgue necesario y a Asamblea Ordinaria cuando omita hacerlo dicho órgano una vez vencido el plazo de ley.

c) Verificar periódicamente el estado de caja y la existencia de títulos y valores de toda especie.

d) Asistir con voz a las reuniones del Consejo de Administración.

e) Verificar y facilitar el ejercicio de los derechos de los asociados.

f) Informar por escrito sobre todos los documentos presentados por el Consejo de Administración a la Asamblea Ordinaria.

g) Hacer incluír en el Orden del Día de la Asamblea los puntos que considere procedentes;

h) Designar Consejeros en los casos previstos en el art. 51 de este estatuto.

i) Vigilar las operaciones de liquidación.

j) En general, velar por que el Consejo de Administración cumpla la ley, el estatuto, el reglamento y las resoluciones de las asambleas.

El Síndico debe ejercer sus funciones de modo que no entorpezca la regularidad de la administración social. La función de fiscalización se limita al derecho de observación cuando las decisiones significaran, según su concepto, infracción a la ley, el estatuto o el reglamento. Para que la impugnación sea procedente debe, en cada caso, especificar concretamente las disposiciones que considere transgredidas.

Art. 66. — El Síndico responde por el incumplimiento de las obligaciones que le imponen la ley y el estatuto. Tiene el deber de documentar sus observaciones o requerimientos y, agotada la gestión interna, informar de los hechos a las autoridades indicados en el art. 80 de la ley 20.337, según corresponda. La constancia de su informe cubre la responsabilidad de fiscalización.

Art. 67. — Por resolución de la Asamblea podrá ser retribuído el trabajo personal realizado por el Síndico en cumplimiento de la actividad institucional. Los gastos efectuados en el ejercicio del cargo serán reembolsados.

Art. 68. — La Cooperativa contará con un servicio de Auditoría Externa, de acuerdo con las disposiciones del art. 81 de la ley 20.337. Los informes de auditoría se confeccionarán por lo menos trimestralmente y se asentarán en el libro especialmente previsto en el art. 22 de este estatuto.

Capítulo VIII - De la disolución y liquidación

Art. 69. — En caso de disolución de la Cooperativa, se procederá a su liquidación salvo los casos de fusión o incorporación. La liquidación estará a cargo del Consejo de Administración o, si la Asamblea en la que se resuelve la liquidación lo decidiera así, de una Comisión Liquidadora bajo la vigilancia del Síndico. Los liquidadores serán designados por simple mayoría de los presentes en el momento de la votación.

Art. 70. — Deberá comunicarse a las autoridades indicadas en el art. 89 de la ley 20.337, según corresponda el nombramiento de los liquidadores dentro de los 15 días de haberse producido.

Art. 71. — Los liquidadores pueden ser removidos por la Asamblea con la misma mayoría requerida para su designación. Cualquier asociado o el Síndico puede demandar la remoción judicial por justa causa.

Art. 72. — Los liquidadores están obligados a confeccionar, dentro de los 30 días de asumido el cargo, un inventario y balance del patrimonio social, que someterán a la Asamblea dentro de los 30 días subsiguientes.

Art. 73. — Los liquidadores deben informar al Síndico, por lo menos trimestralmente, sobre el estado de la liquidación. Si la liquidación se prolongara, se confeccionarán además balances anuales.

Art. 74. — Los liquidadores ejercen la representación de la Cooperativa. Están facultados para efectuar todos los actos necesarios para la realización del activo y la cancelación del pasivo con arreglo a las instrucciones de la Asamblea bajo pena de incurrir en responsabilidad por los daños y perjuicios causados por su incumplimiento. Actuarán empleando la denominación social con el aditamento "en liquidación", cuya omisión los hará ilimitada y solidariamente responsables por los daños y perjuicios. Las obligaciones y responsabilidades de los liquidadores se regirán por las disposiciones establecidas para el Consejo de Administración en este estatuto y la ley de cooperativas en lo que no estuviera previsto en este título.

Art. 75.— Extinguido el pasivo social, los liquidadores confeccionarán el balance final, el cual será sometido a la Asamblea con informes del Síndico y del Auditor. Los asociados disidentes o ausentes podrán impugnarlos judicialmente dentro de los 60 días contados desde la aprobación por la Asamblea. Se remitirá copia a las autoridades indicadas en art. 94 de la ley 20.337, según corresponda, dentro de los 30 días de su aprobación.

Art. 76. — Aprobado el balance final, se reembolsará el valor nominal de las cuotas sociales, deducida la parte proporcional de los quebrantos, si los hubiere.

Art. 77. — El sobrante patrimonial que resultare de la liquidación se destinará al organismo que corresponda de acuerdo a lo establecido en el art. 101, último párrafo de la ley 20.337, para promoción del cooperativismo. Se entiende por sobrante patrimonial, el remanente total de los bienes sociales una vez pagadas las deudas y devuelto el valor nominal de las cuotas sociales.

Art. 78. — Los importes no reclamados dentro de los 90 días de finalizada la liquidación, se depositarán en un banco oficial o cooperativo a disposición de sus titulares. Transcurridos 3 años sin ser retirados, se tranferirán al organismo que corresponda de acuerdo con lo establecido en el art. 101, último párrafo de la ley 20.337, para promoción del cooperativismo.

Art. 79. — La asamblea que apruebe el balance final resolverá quien conservará los libros y demás documentos sociales. En efecto de acuerdo entre los asociados, ello será decidido por el juez competente.

Capítulo IX - Disposiciones transitorias

Art. 80. El presidente del Consejo de Administración o la persona que dicho cuerpo designe al efecto, queda facultado para gestionar la autorización para funcionar la inscripción de este estatuto aceptando, en su caso, las modificaciones de forma que la autoridad de aplicación exigiere o aconsejare.

CAPÍTULO VII
TIPOS DE COOPERATIVAS

COOPERATIVA AGRÍCOLA

Asociación constituida por pequeños propietarios o colonos que cultivan las tierras personalmente y se dedican a la explotación del suelo y productos derivados.

Se propone la realización de los siguientes objetivos:

a) vender los cereales y demás productos agrícolas de sus asociados;

b) adquirir por cuenta de la cooperativa y proveer a los asociados o adquirir por cuenta de éstos artículos de consumo y del hogar, productos, máquinas, repuestos, enseres, bolsas, hilos, etc., necesarios para la explotación agrícola y para el consumo de las familias de los asociados y del personal empleado en la actividad o tarea a que se dediquen;

c) establecer fábricas para el manipuleo o producción de abonos, máquinas, semillas, bolsas y otros materiales necesarios a la industria agrícola y para la transformación de los productos de ésta y sus derivados;

d) adquirir y/o arrendar campos para sí o para los asociados;

e) conceder adelantos en dinero efectivo a cuenta de productos entregados o sobre la cosecha a recoger;

f) fomentar por todos los medios posibles los hábitos de economía y previsión;

g) contratar por cuenta de los asociados, en forma individual o colectiva, toda clase de seguros relacionados con sus actividades como agricultores;

h) proponder al mejoramiento de la industria agraria;

i) auspiciar la creación de viveros y semilleros cooperativos y organizar consorcios camineros;

j) procurar, por intermedio de los organismos oficiales, la exportación a países consumidores de los productos de sus asociados, en su estado natural, manufacturados o industrializados;

k) gestionar ante las autoridades públicas, empresas de trasportes, de navegación, etc., la modicidad de las tarifas y todo los beneficios posibles para el afianzamiento económico del agricultor;

l) instituir concursos y premios para estimular el mejoramiento de la industria agrícola;

m) dedicarse al estudio y defensa de los intereses económicos agrarios generales y de los asociados en particular;

n) fomentar el espíritu de ayuda mutua entre los asociados y cumplir con el fin de crear un conciencia cooperativa, educando y fomentando la armonía entre consumidores y productores.

COOPERATIVA AGROPECUARIA

Esta actividad se refiere a las operaciones concernientes a la producción, transformación, conservación, clasificación, elaboración, comercialización, importación y exportación de los productos derivados de la actividad agropecuaria. Los objetivos de esta asociación cooperativa son:

a) Vender el ganado de sus asociados, pudiendo efectuar remates-ferias en instalaciones propias o de terceros.

b) Faenar e industrializar los productos entregados por los asociados y comercializarlos por cuenta de los mismos, en los mercados internos y externos.

c) Instalar frigoríficos, fábricas, depósitos o cuantas instalaciones crea necesaria para la conservación, transformación y venta de los productos provenientes de sus asociados.

d) Instalar mercados o puestos de venta cooperativos para la venta de carne en general y derivados, así como también de los demás productos de ganadería, industrializados o no.

e) Fomentar el mejoramiento de la ganadería, propiciando la adquisición de reproductores de raza para el mejoramiento del ganado de sus asociados y estimulándola mediante la celebración de concursos, torneos y exposiciones.

f) Adquirir y/o arrendar campos con destino a invernada o cría, o para tareas agrícolas, como así también chacras, granjas, etc., para sí o para sus asociados.

g) Adquirir por cuenta de la sociedad y proveer a sus asociados o adquirir por cuenta de los mismos artículos de consumo, productos, instrumentos, maquinarias, herramientas, repuestos, enseres, productos veterinarios, semillas forrajeras, bolsas, hilos, etc. necesarios para la explotación ganadera y agrícola y para el consumo de las familias de los asociados y del personal empleado en la actividad o tarea que realicen.

h) Contratar por cuenta de los asociados, en forma individual o colectiva, toda clase de seguros en relación con sus actividades como ganaderos y como agricultores.

i) Adquirir y/o arrendar equipos especiales para la construcción de represas o perforaciones con destino a la provisión de agua.

j) Obtener para las instalaciones, ampliaciones y capital en giro, crédito de bancos oficiales o particulares.

k) Procurar por intermedio de los organismos oficiales la exportación a países consumidores de los productos de sus asociados, en estado natural, manufacturados o industrializados.

l) Fomentar el espíritu de ayuda mutua entre los asociados y cumplir con el fin de crear una conciencia cooperativa, educando y fomentando la armonía entre consumidores y productores.

m) Instituir concursos y premios para estimular el mejoramiento de la industria agrícola.

n) Dedicarse al estudio y defensa de los intereses económicos agrarios generales y de los asociados en particular.

COOPERATIVA APÍCOLA

La apicultura, como el arte de criar abejas para aprovechar sus productos, genera que la actividad cooperativa se ocupe y tiene por objeto:

a) Recibir, industrializar por sí o por terceros, comercializar y procurar la obtención de mercados para la colocación de los productos de los asociados.

b) Realizar operaciones de exportación o importación de productos y subproductos, maquinarias e implementos necesarios a las tareas desarrolladas por los asociados.

c) Adquirir por cuenta de la cooperativa y proveer a los asociados o adquirir por cuenta de éstos artículos de consumo y del hogar, productos, máquinas, repuestos, enseres, envases, etc., necesarios para la explotación apícola y para el consumo de las familias de los asociados y del personal empleado en la actividad o tarea a que se dediquen.

d) Establecer fábricas para el manipuleo o producción de los materiales necesarios a la industria apícola y para la transformación de los productos de ésta y sus derivados.

e) Adquirir y/o arrendar campos, chacras, granjas, para si o para los asociados.

f) Conceder adelantos en dinero efectivo a cuenta de productos entregados o a entregar.

g) Propender al desarrollo científico técnico de explotación apícola, a cuyo efecto podrá disponer la adquisición de terrenos para trabajos experimentales destinados al mejoramiento de la producción.

h) Favorecer la importación y el intercambio de abejas reinas de pedigrí para el mejoramiento cualitativo y cuantitativo de la producción.

i) Fomentar por todos los medios posibles los hábitos de economía y previsión.

j) Promover al establecimiento de escuelas para la difusión teórica y práctica de la técnica apícola.

k) Contratar por cuenta de los asociados, en forma individual o colectiva, toda clase de seguros relacionados con sus actividades como apicultor.

l) Organizar consorcios camineros.

m) Instituir concursos y premios para estimular el mejoramiento de la industria apícola.

n) Establecer talleres de carpintería para la reparación y fabricación de panales y cuanto elemento sea necesario a la producción apícola.

ñ) Fomentar el espíritu de ayuda mutua entre los asociados y cumplir con el fin de crear una conciencia cooperativa, educando y fomentando la armonía entre consumidores y productores.

COOPERATIVA DE ARTESANÍA O DE ARTESANOS

Aquella que desarrolla su objetivo económico en beneficio de las personas cuyas profesiones o prácticas es alguna de las artes o de los oficios. En general, la artesanía es el trabajo realizado en el pequeño taller y que generalmente requiere de una asociación para desarrollar su actividad. La que asocia a personas cuya profesión es la práctica de alguna de las artes o alguno de los oficios con el fin de adquirir en común maquinaria y útiles de trabajo, comprar primeras materias y géneros necesarios a los cooperadores, vender los productos elaborados y tener servicios comunes de almacenes y transportes *(B. Cerdá Richart)*.

COOPERATIVA DE AUTOGESTIÓN

Cooperativa que tiene por objeto: a) Adquirir en el mercado los materiales y demás elementos necesarios para la construcción de las viviendas. b) Contratación de los trabajos que no se pueden hacer mediante el esfuerzo de los asociados. c) Solicitar ante instituciones oficiales o privados, los créditos necesarios para financiar la construcción y terminación de las viviendas y gestionarlos en nombre de sus asociados para los mismos fines, como también seguros que contratará con terceros. d) Gestionar ante las autoridades correspondientes la realización de obras viales como obras sanitarias, desagüe, pavimentación, cloacas, alumbra-do, gas, teléfonos, agua potable y todo otro servicio público que requiera las necesidades de la comunidad ubicada en el radio de acción de la cooperativa. e) Adquirir terrenos para sus asociados o bien solicitar la cesión de los mismos por el Fisco Provincial o Municipal, con destino a la vivienda propia. f) Efectuar por administración o por contrato con terceros las obras necesarias para la conservación, ampliación, terminación o mejoramiento de las viviendas de sus asociados. g) Adquirir viviendas individuales o colectivas para entregarlas en uso o propiedad a los asociados en las condiciones que se especifiquen en el reglamento respec-tivo. h) Desarrollar e impulsar las aptitudes de los asociados difundiendo conocimientos técnicos, administrativos y contables y favoreciendo la formación de dirigentes. i) Proporcionar a los asociados el asesoramiento en todo lo relacionado con el problema de su vivienda, brindándoles los servicios técnicos y la asisten-cia jurídica necesaria. j) Propender al fomento de los hábitos de economía y previsión entre los asociados. La cooperativa excluye de sus objetivos las operaciones de ahorro y préstamo para la vivienda u otros fines. k) Adecuación de las viviendas existentes a las necesidades humanas indispensables, instrumentando las medidas correspondientes. l) Fomentar la educación cooperativa y el espíritu de solidaridad entre los asociados, cumpliendo con el fin de crear una conciencia cooperativa.

COOPERATIVA DE CONSUMIDORES Y USUARIOS

Aquella que tiene por objeto el suministro de bienes y servi-cios adquiridos a terceros o producidos por sí mismos, para uso o consumo de los socios y de uso de viviendas y locales de los socios, la conservación y administración de las viviendas o locales o edificaciones comunes y la creación y suministro de servicios complementarios, así como la rehabilitación de viviendas, loca-les y edificaciones e instalaciones complementarias (Legislación española).

COOPERATIVA DE CONSUMO

Normalmente cooperativa en la que se unen personas de modesto nivel económico para comprar en común y luego vender entre los socios artículos de consumo, de uso y de vestido.

Dentro de este tipo de cooperativa se incluyen las de servicio (peluquerías, lavanderías, tintorerías, etc.) cuando están organizados por los mismos clientes o usuarios. La cooperativa tiene por objeto:

a) adquirir o producir por cuenta de la Cooperativa para ser distribuidos entre los asociados, artículos de consumo, de uso personal y del hogar;

b) realizar toda operación en beneficio de los asociados dentro del espíritu del principio de la cooperación y de este estatuto;

c) fomentar el espíritu de solidaridad y ayuda mutua entre los asociados y cumplir con el fin de crear una conciencia cooperativa.

Puede ser asociado de esta Cooperativa toda persona de existencia ideal o visible que acepte el estatuto y reglamentos sociales y no tenga intereses contrarios a la misma. Los menores y las mujeres casadas podrán ingresar a la cooperativa sin necesidad de autorización paternal o marital y disponer por sí solos de su haber en ella.

COOPERATIVA DE CRÉDITO

Aquella en la que los asociados se organizan con el objeto de conceder créditos con capital propio. Fomentar el espíritu de solidaridad y ayuda mutua entre los asociados y cumplir con el fin de crear una conciencia cooperativa. Se excluyen de todos sus actos las cuestiones políticas, religiosas, sindicales, de nacionalidad, regiones o razas determinadas. Para Cesare Vivante estas cooperativas son los que tienen por objeto conceder a los socios créditos con anticipos, descuentos de letras, préstamos de breve vencimiento sobre prendas, y repartiendo entre ellos al final de cada ejercicio las ganancias realizadas con estas operaciones de banca. Mientras para Salas Antón sostenía que este tipo de cooperativa era la encargada de fomentar entre sus miembros el espíritu de ahorro, admitiéndoles imposiciones individuales, premiándoseles con un interés que no exceda del legal, favorecer sus hábitos de trabajo, facilitándoles el crédito que fuese menester por un interés que tampoco exceda del mencionado, y prestándoles toda clase de servicios de crédito en las mismas condiciones con tal que el exceso de percepción se devuelva a los asociados a prorrata del monto y poder reproductivo de las operaciones que cada asociado hubiere efectuado valiéndose de la asociación.

COOPERATIVA DE EXPORTACIÓN

El comercio exterior es uno de los pilares fundamentales dentro de la estructura económica de un país. Este tipo de cooperativa tiene por objeto:

a) Exportar conjuntamente los productos de sus asociados.

b) Coordinar las labores de producción y propender al avance tecnológico de sus asociados.

c) Optimizar la calidad de los productos de exportación.

d) Realizar operaciones de intercambio compensado.

e) Importar y/o adquirir insumos y/o tecnología requeridas por sus asociados para ser utilizados en la producción de los bienes y/o servicios a exportar.

f) Construir, adquirir y arrendar oficinas, locales o galpones, etc., para uso de la cooperativa.

g) Asesorar técnica y jurídicamente a sus asociados en cualquier cuestión relacionada con el giro de sus actividades.

h) Fomentar el espíritu de solidaridad entre los asociados y cumplir con el fin de crear una conciencia cooperativa.

COOPERATIVA DE LOS PROFESIONALES DE LA SALUD

Cooperativa de profesionales de asistencia médica en el cual el sustantivo salud es el centro de la cuestión. Por ello, resulta fundamental la forma jurídica que facilite la implementación de esta actividad.

La cooperativa tiene por objeto proveer a los asociados los servicios de infraestructura necesarios para el ejercicio de su profesión. Propenderá a la difusión de principios sanitarios y la puesta en práctica de acciones de medicina preventina y de educación sanitaria.

Con tal fin podrá: a) Relacionar al profesional con el paciente. b) Instalar establecimientos asistenciales para la profilaxis, recuperación, diagnóstico y tratamiento de las enfermedades, asegurando, eficiencia, oportunidad y continuidad, conforme a las normas legales y reglamentarias en la materia. c) Adquirir o producir, para distribuir entre los asociados equipos, aparatos o instrumentos médicos, material bibliográfico y demás elementos requeridos para el ejercicio del arte de curar. d) Adquirir o producir, para distribuir entre los asociados, medicamentos, drogas, prótesis y demás elementos que resulten necesarios para el tratamiento de los pacientes cuya asistencia médica se practique en los establecimientos mencionados en el inciso b) del presente estatuto. En el cumplimiento de su objeto propenderá a la difusión de los principios cooperativos y a la elevación cultural entre los asociados de la cooperativa y las personas vinculadas a ella y promover entre los asociados la participación activa en los órganos directivos, ejecutivos y de asesoramiento de la cooperativa. A la capacitación científica de sus asociados mediante la organización y participación en los cursos de capacitación, concursos, becas y congresos nacionales o internaciones.

COOPERATIVA DE MAR

Tiene por objeto realizar la pesca bajo principios cooperativos, propulsar cuanto se refiere a las industrias marítimas y derivadas, facilitar los medios adecuados para la adquisición, construcción y reparación de embarcaciones, fabricación y distribución de efectos navales y útiles de pesca, etc., así como crear instituciones de venta en común, y en general, cuantas tiendan a facilitar la pesca y los transportes marítimos (B. Cerdá Richart).

COOPERATIVA DE PRODUCCIÓN

La que se ocupa de la transformación de las primeras materias de productos semiacabados y acabados, mediante un proceso técnico-industrial, los que acaban los productos ya manipulados en un primer período de absorción y complementario y comprendido en un proceso completo de fabricación.

- Talleres
- Fábricas

Se procede a prescindir del patrón, del accionista o del empresario. Es decir, la sociedad la dirigen los propios trabajadores distribuyéndose las utilidades en función del trabajo desarrollado por cada uno de los propios trabajadores. Según Severino Aznar, este tipo de cooperativa era el único medio definitivo que existía para lograr que los trabajadores llegaran a ser propietarios.

COOPERATIVA DE PRODUCCIÓN Y TRABAJO

Organización compuesta por trabajadores para la producción y/o distribución de bienes y servicios destinados al consumo, en cualquier etapa de éstos a terceros *(Ley de Asociaciones Cooperativas de la República Dominicana)*.

COOPERATIVA DE PROVISIÓN

La que tiene por objeto: a) adquirir o producir para distribuir entre los asociados todos los artículos o materiales necesarios para el desenvolvimiento propio de ellos; b) construir, adquirir o arrendar oficinas, locales, galpones, etc., para uso de la cooperativa; c) asesorar técnica y jurídicamente a sus asociados, en cualquier cuestión relacionada con el giro de sus actividades y, d) fomentar el espíritu de solidaridad entre los asociados y cumplir con el fin de crear una conciencia cooperativa.

COOPERATIVA DE PROVISIÓN DE ENSEÑANZA

Tiene un carácter educativo y se proponen hacer prácticas entre aquellos que se encuentren en edad escolar, para cuando sean mayores estén capacitados para desempeñarse eficaz y eficientemente en una cooperativa.

Tiene por objeto:

a) Prestar a los hijos de los asociados servicios de enseñanza, a cuyo efecto podrá organizar la prestación correspondiente según los planes oficiales.

b) Adquirir o producir para distribuir entre los asociados todos los artículos o materiales necesarios para el desenvolvimiento propio de ellos.

c) Construir, adquirir, o arrendar oficinas, locales, galpones, etc., para uso de la cooperativa.

d) Fomentar el espíritu de solidaridad y ayuda mutua entre los asociados y cumplir con el fin de crear una conciencia cooperativa.

COOPERATIVA DE PROVISIÓN DE SERVICIOS

Aquella en la que los asociados se organizan con el objeto de: a) construir, adquirir o arrendar oficinas, locales, galpones, etc., para uso de la cooperativa; b) asesorar técnica y jurídicamente a sus asociados, en cualquier cuestión relacionada con el giro de sus actividades y, c) fomentar el espíritu de solidaridad entre los asociados y cumplir con el fin de crear una conciencia cooperativa.

COOPERATIVA DE PROVISIÓN DE SERVICIOS DE TURISMO

Aquella en la que los asociados se organizan con el objeto de: a) facilitar el acceso de la corriente turística, contratando en forma parcial o total la locación de hoteles, pensiones, alojamientos y viviendas en general, a total beneficio del asociado, hasta lograr la estructura propia; b) gestionar ante empresas de transportes oficiales o privadas la adquisición de pasajes para la obtención de rebajas; c) adquirir o arrendar en forma transitoria o permanente solares o edificios para la utilización de los asociados; d) exhibir en sus locales películas cinematográficas; e) realizar conciertos musicales, conferencias y exposiciones y, f) fomentar el espíritu de solidaridad y ayuda mutua entre los asociados y cumplir con la conciencia cooperativa.

COOPERATIVA DE PROVISIÓN DE SERVICIOS MÉDICOS

Aquella en la que los asociados se organizan con el objeto de proveer a los asociados los servicios de infraestructura necesarios para el ejercicio de su profesión. Propender a la difusión de principios sanitarios y la puesta en práctica de acciones de medicina preventiva y de educación sanitaria. Con tal fin puede: a) relacionar al profesional con el paciente y, b) instalar establecimientos asistenciales para la profilaxis, recuperación, diagnóstico y tratamiento de las enfermedades, asegurando eficiencia, oportunidad y continuidad.

COOPERATIVA DE PROVISIÓN PARA MENSAJERÍA RURAL

Aquella en la que los asociados se organizan con el objeto de lograr la provisión de mensajería rural, radiocomunicaciones rurales y telefonía rural a sus asociados, a tal fin podrá: a) construir, adquirir o arrendar oficinas, locales, galpones, etc., para uso de la cooperativa; b) asesorar técnica y jurídicamente a sus asociados en cualquier cuestión relacionada con el giro de sus actividades y, c) fomentar el espíritu de solidaridad entre sus asociados y cumplir con el fin de crear una conciencia cooperativa.

COOPERATIVA DE SALUD

Entidad constituida libremente, sin fines de lucro, por personas y profesionales que inspiradas en la solidaridad, en el esfuerzo propio y la ayuda mutua y con el objeto de brindarse ayuda recíproca, se organizan y se prestan servicios médico-asistenciales, desmercantilizados, frente a riesgos eventuales, reuniendo y ensamblando energías humanas y profesionales, encauzándolas hacia el bienestar tanto individual como al interés y compromiso por la comunidad, asegurando el justo ordenamiento de valores e intereses, en la igual dignidad de las personas centralmente, en el respeto de su libertad y el cuidado de su vida *(R. F. Bertossi)*

COOPERATIVA DE SERVICIOS

La que adquiere en común los artículos, maquinarias, etc., que los socios precisan para sus usos industriales, las que venden en común los artículos fabricados por los socios, y las que realizan determinados trabajos como el transporte, limpieza, etc. *(B. Cerdá Richart)*.

COOPERATIVA DE SERVICIOS PARA PRODUCTORES RURALES

cooperativa que tiene por objeto: a) la provisión de servicios de labranza; b) de siembra; c) de desmonte, desmalezamiento, limpieza de campos; d) de aplicación de herbicidas, de fertilizantes y otros productos propios del tratamiento de suelos; e) instalación de alambrados, tranqueras, guardaganados; f) parcelamiento de campos; g) provisión de equipos de generación de energía eléctrica, de extracción de agua de riego, de ordeñe mecánico, de inseminación artificial, de acondicionamiento de productos de refrigeración, de almacenamiento de productos e insumos; h) provisión de servicios de vacunación y de atención veterinaria en general; i) provisión de semillas, forrajes herbicidas, fertilizantes y productos veterinarios; j) construcción y mantenimiento de canales de drenaje; k) ejecución de defensas contra plagas y contra granizo y, l) recolección, acondicionamiento, almacenamiento y transporte de la producción agropecuaria. A tales fines podrá: a) adquirir, locar o utilizar por cualquier otro título, depósitos, oficinas, galpones, locales, silos, máquinas, aparatos, herramientas y todo inmueble o mueble necesario; b) asesorar técnica y jurídicamente a sus asociados en cualquier gestión relacionada con el giro de sus actividades. La Cooperativa fomentará el espíritu de solidaridad entre sus asociados, cumpliendo con el fin de crear una conciencia cooperativa.

COOPERATIVA DE SERVICIOS TELEFÓNICOS

Aquella en la que los asociados se organizan con el objeto de: a) proveer de una red telefónica automática destinada al servicio particular y público, a cuyo efecto podrá adquirirla, instalarla y/o distribuirla; b) prestar otros servicios conexos a cuyo efecto podrá realizar las construcciones e instalaciones necesarias; c) proveer materiales, útiles y enseres para toda clase de instalaciones telefónicas y de los demás servicios comprendidos; d) propender al fomento de la constitución de cooperativas similares; e) gestionar ante los poderes públicos, nacionales, provinciales o comunales, normas legales que tiendan al perfeccionamiento del servicio telefónico y, f) fomentar el espíritu de ayuda mutua entre sus asociados y cumplir con el fin de crear una conciencia cooperativa, educando y fomentando la armonía entre los mismos.

COOPERATIVA DE TRABAJO

La que se desarrolla por cuenta propia o de terceros, obras, faenas o servicios, las que adquieren en común y distribuyen a los asociados los materiales y utensilios para sus trabajos e instalan medios para realizarlos.

La Cooperativa tiene por objeto asumir por su propia cuenta, valiéndose del trabajo personal de sus asociados, las actividades inherentes a fomentar el espíritu de solidaridad y ayuda mutua entre los asociados y cumplir con el fin de crear una conciencia cooperativa.

Es similar a la industrial o a la producción, con la particularidad de que en ella el elemento laboral es determinante. Es decir, se supone la abolición del asalariado ya que todos los asociados contratan la mano de obra.

COOPERATIVA DE VIVIENDA

Aquella que tiene por objeto principal proveer de alojamiento adecuado y estable a sus socios, mediante la construcción de viviendas por esfuerzo, ayuda mutua, administración directa o contratos de terceros, y proporcionar servicios complementarios a la vivienda.

La cooperativa tendrá por objeto.

a) Adquirir en el mercado los materiales y demás elementos necesarios para la construcción de las viviendas.

b) Contratación de los trabajos que no se pueden hacer mediante el esfuerzo de los asociados.

c) Solicitar ante instituciones oficiales o privados, los créditos necesarios para financiar la construcción y terminación de las viviendas y gestionarlos en nombre de sus asociados para los mismos fines, como también seguros que contratará con terceros.

d) Gestionar ante las autoridades correspondientes la realización de obras viales como obras sanitarias, desagüe, pavimentación, cloacas, alumbrado, gas teléfonos, agua potable y todo otro servicio público que requiera las necesidades de la comunidad ubicada en el radio de acción de la cooperativa.

e) Adquirir terrenos para sus asociados o bien solicitar la cesión de los mismos por el Fisco Provincial o Municipal, con destino a la vivienda propia.

f) Efectuar por administración o por contrato con terceros las obras necesarias para la conservación, ampliación, terminación o mejoramiento de las viviendas de sus asociados.

g) Adquirir viviendas individuales o colectivas para entregarlas en uso o propiedad a los asociados en las condiciones que se especifiquen en el reglamento respectivo.

h) Desarrollar e impulsar las aptitudes de los asociados difundiendo conocimientos técnicos, administrativos y contables y favoreciendo la formación de dirigentes.

i) Proporcionar a los asociados el asesoramiento en todo lo relacionado con el problema de su vivienda, brindándoles los servicios técnicos y la asistencia jurídica necesaria.

j) Propender al fomento de los hábitos de economía y previsión entre los asociados. La cooperativa excluye de sus objetivos las operaciones de ahorro y préstamo para la vivienda u otros fines.

k) Adecuación de las viviendas existentes a las necesidades humanas indispensables, instrumentando las medidas correspondientes.

l) Fomentar la educación cooperativa y el espíritu de solidaridad entre los asociados, cumpliendo con el fin de crear una conciencia cooperativa.

COOPERATIVA ELÉCTRICA

Aquella que tiene por objeto suministrar a sus asociados la energía eléctrica que produce al precio más económico posible. Ésta puede suministrarse a todos los socios de la localidad y/o a las industrias asociadas.

COOPERATIVA ESCOLAR

Aquella que tiene un carácter educativo y de capacitación para perfeccionarse hacia el futuro. Las ventajas que genera este enfoque son la introducción de las prácticas y los principios cooperativos. Además genera una actitud solidaria y el trabajo en equipo y la aplicación de los conocimientos teóricos a una práctica específica.

COOPERATIVA ESPECIALIZADA

La que se constituye con el objeto de satisfacer una necesidad específica correspondiente a una sola rama de la actividad económica, social o cultural.

COOPERATIVA GANADERA

Cooperativa que se concreta a la actividad desarrollada por la explotación ganadera y sus productos directos o derivados.

La cooperativa propone la realización de los siguientes objetivos:

a) Vender el ganado de sus asociados, pudiendo efectuar remates-ferias en instalaciones propias o de terceros.

b) Faenar e industrializar los productos entregados por los asociados y comercializarlos por cuenta de los mismos, en los mercados internos y externos.

c) Instalar frigoríficos, fábricas, depósitos o cuantas instalaciones crea necesarias para la conservación, transformación y venta de los productos provenientes de sus asociados.

d) Instalar mercados o puestos de venta cooperativos para la venta de carne en general y derivados, así como también de los demás productos de ganadería, industrializados o no.

e) Fomentar el mejoramiento de la ganadería, propiciando la adquisición de reproductores de raza para el mejoramiento del ganado de sus asociados y estimulándola mediante la celebración de concursos, torneos y exposiciones.

f) Adquirir y/o arrendar campos con destino a invernada o cría, así como también chacras, granjas, etc., para sí o para sus asociados.

g) Adquirir por cuenta de la sociedad y proveer a sus asociados o adquirir por cuenta de los mismos, artículos de consumo, productos, instrumentos, maquinarias, herramientas, respuestos, enseres, productos veterinarios, semillas forrajeras y todo cuando fuere necesario para la explotación que realicen.

h) Contratar por cuenta de los asociados, en forma individual o colectivas, toda clase de seguros en relación con sus actividades como ganaderos.

i) Adquirir y/o arrendar equipos especiales para la construcción de represas o perforaciones con destino a la provisión de agua.

j) Obtener para las instalaciones, ampliaciones y capital en giro, crédito de bancos oficiales o particulares.

k) Procurar por intermedio de los organismos oficiales, la exportación a países consumidores de los productos de sus asociados, en su estado natural, manufacturados o industrializados.

l) Fomentar el espíritu de ayuda mutua entre los asociados y cumplir con el fin de crear una conciencia cooperativa, educando y fomentando la armonía entre consumidores y productores.

m) Gestionar ante las autoridades públicas, empresas de trasportes, de navegación, etc., la modicidad de las tarifas y todos los beneficios posibles para el afianzamiento económico y cultural del ganadero, y organizar consorcios para la construcción, arreglo y conservación de caminos.

n) Fomentar el espíritu de solidaridad y ayuda mutua entre los asociados y cumplir con el fin de crear una conciencia cooperativa.

COOPERATIVA HORTÍCOLA

Aquella en la que los asociados se organizan con la finalidad de: a) colocar la producción de sus asociados, en estado natural o industrialización; b) establecer viveros o semilleros para proporcionar a sus asociados las especies vegetales adaptables a la zona; c) establecer fábricas para la industrialización de hortalizas y legumbres, como así también de envases para los productos; d) adquirir artículos de consumo, de uso personal, instrumentos, maquinarias, animales, repuestos, enseres, bolsas, hilos, etc., necesarios para la explotación hortícola de los asociados; e) propender el desarrollo científico-técnico de la producción hortícola; f) adquirir y/o arrendar campos, chacras, granjas, para sí o para los asociados; g) fomentar por todos los medios posibles los hábitos de economía y previsión; h) contratar por cuenta de los asociados, en forma individual o colectiva, toda clase de seguros relacionados con sus actividades hortícolas; i) auspiciar la creación de consorcios camineros; j) instituir concursos y premios para estimular el mejoramiento de la horticultura y, k) fomentar el espíritu de ayuda mutua entre los asociados y cumplir con el fin de crear una conciencia cooperativa, educando y fomentando la armonía entre consumidores y productores.

COOPERATIVA PESQUERA

Sociedad que persigue la supresión de los intermediarios en la pesca, que realiza la compra de los medios de producción y las demás funciones vinculadas con la explotación de la industria pesquera, dedican sus utilidades a la previsión social y a abaratar los productos de la actividad. Tiene por objeto:

a) Gestionar dentro de las prescripciones de las leyes vigentes la obtención de permisos de pesca en aguas jurisdiccionales para sus asociados.

b) Comercializar la pesca obtenida por sus asociados.

c) Proveer a sus asociados embarcaciones y artes de pesca.

d) Establecer plantas industriales para la evisceración y fileteado de la pesca obtenida y aprovechamiento del desecho.

e) Otorgar créditos a sus asociados para las operaciones inherentes a su trabajo y conceder adelantos de dinero a cuenta de los productos entregados a la cooperativa.

f) Propender al mejoramiento de la actividad pesquera y a la defensa de los intereses económicos de los asociados.

g) Fomentar el espíritu de solidaridad y ayuda mutua entre los asociados y cumplir con el fin de crear una conciencia cooperativa.

Puede asociarse a esta cooperativa toda persona de existencia ideal o visible que acepte los estatutos y reglamentos que se dicten, y no tengan intereses contrarios a la misma, que se dedique a la actividad pesquera y/o complementarias de la misma. (comercio y/o transporte de la materia de pesca) y que posea licencia de pesca comercial extendida por organismo competente.

COOPERATIVA TAMBERA

La que tiene por objeto: a) vender los productos de los asociados; b) facilitar, propiciar o proceder a la adquisición de buenos reproductores con miras al mejoramiento y selección del ganado de los tamberos de sus asociados y aumento de su capacidad de producción; c) adquirir y/o arrendar campos con destino a invernada o cría, así como también chacras, granjas, etc., para sí o para sus asociados; d) crear establecimientos para la industrialización de los productos de los asociados, así como fábricas para la elaboración de los elementos necesarios a la actividad de los mismos; e) auspiciar la creación de viveros y semilleros y organizar consorcios camineros; f) adquirir por cuenta de la cooperativa y proveer a los asociados la posibilidad de adquirir por cuenta de los mismos artículos de consumo, productos, instrumentos, maquinarias, herramientas, repuestos, enseres, productos veterinarios, semillas forrajeras y todo cuanto fuere necesario para la actividad específica de aquéllos y para el consumo familiar; g) propender al abaratamiento de los costos de producción y a la simplificación de la comercialización para beneficiar al consumidor; h) procurar por intermedio de los organismos oficiales la exportación a países consumidores de los productos de sus asociados en su estado natural, manufacturados o industrializados; i) gestionar ante las autoridades públicas, empresas de transportes de navegación, etc., la modicidad de las tarifas y todos los beneficios posibles para el afianzamiento económico del tambero y, j) fomentar el espíritu de ayuda mutua entre los asociados.

COOPERATIVA VITIVINÍCOLA

Cooperativa que se constituye para la elaboración de distintos tipos de uvas aportadas por sus socios y a su vez, para la destilería de alcohol, vinos y otros licores. El objeto se puede establecer dentro de las siguientes posibilidades:
a) establecer bodegas para vinificar la uva de sus asociados;

b) establecer fábricas para la industrialización y/o elaboración de frutas y todo otro producto regional;

c) vender en los mercados la producción vitivinícola y frutícola de sus asociados en estado natural o previo acondicionamiento, elaboración y/o industrialización;

d) construir, adquirir, arrendar locales para almacenes, bodegas, usinas, secaderos,

e) adquirir o arrendar tierras; compra de animales de trabajo, máquinas, drogas y demás elementos necesarios para sus explotaciones;

f) formar viveros para proporcionar a sus socios las variedades de vides y frutales que mejor se adapten a la zona;

g) propiciar la contratación de seguros contra accidentes de trabajo, granizo, incendio u otros que respondan a un alto espíritu de previsión;

h) adquirir, para proveer a sus asociados, artículos de consumo, de uso personal y del hogar;

i) propender al mejoramiento de la producción de sus asociados, al fomento de la vialidad y abaratamiento de los medios de trasporte, a la realización de concursos e institución de premios para estimular la producción; organizar exposiciones y mercados; difundir la enseñanza técnico-agrícola en la región, colaborando con los poderes públicos en todo aquello que pueda mejorar y acrecentar la riqueza nacional;

j) fomentar la uniformidad o coordinación de la producción de los asociados y toda iniciativa tendiente a mejorar su economía;

k) establecer un registro para las estadísticas de producción de los asociados y ejercer dentro de los posibles el control de la misma, tanto en la sanidad de los productos cuanto en la calidad y métodos de producción;

l) hacer suya y secundar toda iniciativa que tienda a fomentar el espíritu de unión, solidaridad, cooperación, etc., entre sus asociados y demás productores de la zona y que promueva su adelanto cultural, técnico y económico.

CAPÍTULO VIII
GRANDES COOPERATIVISTAS

HOMBRES ILUSTRES

ANDRADE, SANTIAGO: (1846-1891). El padre del cooperativismo en Puerto Rico, se dedicó a la carpintería, y su ideología fue la de un hombre reformista. En 1872 fue co-fundador de "El círculo de Beneficencia y Recreos de Artesanos" en San Juan, pero recién en 1873 constituyó la obra más importante la sociedad de socorros mutuos, "Los amigos del bien público", existió hasta 1958.

ARIZMENDIARRIETA, JOSÉ MARÍA: (1915-1976). De origen español, sacerdote, tuvo una gran actuación e influencia en materia de cooperativas de trabajo en la zona de Mondragón. A partir de la década de los cincuenta las cooperativas industriales fueron promovidas por el padre.

BELLERS, JOHN: (1654-1725). De origen inglés. Utopista, economista, filántropo, precursor de la teoría del trabajo como fuente de valor presentó en 1685 su doctrina en su obra: "Proposiciones para la creación de asociación de trabajo de todas las industrias útiles y de la agricultura".

BERGENGREN, ROY: (1879-1955). Jurista estadounidense que desarrolló a partir de principios del siglo XX una brillante tarea en la actividad crediticia. En la búsqueda concreta de evitar los abusos contra los más indefensos económicamente (artesanos, personas físicas, etc.) llevó a cabo una brillante tarea con la finalidad de eliminar las condiciones abusivas vigentes. La acción desarrollada fue un estímulo fundamental para la expansión de las uniones de crédito o cooperativas de ahorro y crédito.

BLANC, JEAN JOSEPH LOUIS: (1812-1882). Estadista, escritor e historiador francés. Sus obras trascendentales fueron "Historia de los diez años" y "La organización del trabajo". En 1848 fue integrante del gobierno provisional, posteriormente tuvo que emigrar. Regresó a Francia en 1871. Se destacó por sus ideas de tendencias sociales. Procuró desarrollar y poner en práctica las ideas asociacionistas de la escuela antigua. Los talleres nacionales ensayados en París, Francia, fueron idea de él. Representó el principio de la tutela del estado. El beneficio resultante debía emplearse en la constitución de asociaciones de producción dirigidas por el Estado. Procuró utilizar el Estado moderno como instrumento y ayuda para adquirir sus fines socialistas. La obra próxima consistía en suprimir la libre concurrencia y en la incorporación al Estado de los medios de explotación.

BRISBANE, ALBERT: (1809-1890). Reformador social estadounidense. Sus ideas quedaron reflejadas en su obra "El Destino social del hombre", aparecido en 1840. Discípulo notable de C. Fourier. Sus ideas penetraron en vastos sectores. de los EE.UU. Fue un gran defensor de la Homestead Act (Acta de las Casas y Tierras Adyacentes) dictada en 1862. Consistía en la entrega de tierras gratis con el compromiso de cultivarlas por cinco años.

BUCHEZ, PHILLIPE JOSEPH BUYAMEN: (1796-1865). Escritor, penalista y político francés que escribió: Teoría de la formación de la nacionalidad francesa; Tratado de política y ciencia social; Introducción a la ciencia de la historia. Trató de imponer y desarrollar las ideas asociacionistas. Dedujo que la información de asociaciones de producción era el medio de llegar poco a poco a un estado socialista y trabajó para poner en movimientos a los obreros para que con sus ahorros generaran empresas independientes. Fue el principio del mutuo auxilio a favor del cual en 1849 se pronunció en Alemania, Herman Schulze Delitzsh (1808 - 1883) pero sin propósitos socialistas.

COADY, MOISÉS: (1882-1959). Nacido en Canadá y ordenado sacerdote católico en Roma, Italia, en 1910. Desarrolló un programa económico y social con el fin de mejorar el nivel de la población de Antigonish. De allí surgió el "Movimiento de Antigonish", basado en un programa de educación de adultos y cooperación económica financiado por la Universidad de San Francisco Javier, en Antigonish, Nueva Escocia, en Canadá. La cooperativa de consumo constituía la forma cooperativa más importante.

COLE, GEORGE DOUGLAS: (1889-1959). Nacido en Inglaterra, fue periodista, economista, escritor y un importante profesor en la Universidad de Oxford. Estuvo consustanciado con el movimiento obrero inglés y fue un acérrimo partidario del socialismo sindical. Sus principales obras fueron: "El movimiento cooperativo británico en una sociedad socialista", "Historia del pensamiento socialista".

CONSIDERANT, VÍCTOR: (1808-1893). Nació en los EE UU. Su obra más trascendente es la "Doctrina social", en tres tomos, escrita entre 1836 y 1838, presentan claramente las ideas de C. Fourier. Fue perseguido políticamente y emigró a los EE UU. Otras obras del autor: "Principios del socialismo" y "Exposición del sistema de Fourier".

DERRION, MICHEL: (1802-1850). Nacido en Francia, es reconocido por algunos autores como el verdadero padre del cooperativismo en dicho país. En sus inicios fue saint - simoniano, posteriormente adhirió a las ideas de Fourier y en su última etapa se ocupó de destacar y jerarquizar el poder del consumidor. Esta idea quedó plasmada en la sociedad fundada en 1835, en Lyon, Francia.

DESJARDINS, ALFONSO: (1854-1920). Periodista canadiense que se ocupó y dedicó al análisis y estudio de las cooperativas de ahorro y crédito, con el afán de eliminar las normas y condiciones leoninas que se aplicaban a los artesanos, profesionales y, en general, a personas de escasos recursos. A principios del siglo XX, basándose en las cooperativas crediticias propició y generó una mecánica distinta: se vincularon en grupos con aportes pequeños que a su vez se prestaban entre sus integrantes. Así este tipo de cooperativas de crédito se fueron expandiendo con gran éxito.

FABRA RIVAS, ANTONIO: (1879-1958). Ilustre cooperativista y político español que reorganizó la federación socialista catalana del Partido Socialista Español. Residió en Francia, Gran Bretaña y Alemania. Durante la Guerra Civil Española se exilió en América. Su obra más importante fue: "La cooperación. Su porvenir está en las Américas". En la misma sintetiza la estructura cooperativa, expresa: "la cooperación establece el justo precio independientemente de las circunstancias que puedan concurrir en el que adquiere o paga una mercancía. Atiende tan sólo al valor real del objeto vendido o distribuido y a los gastos que ocasiona la puesta en venta del mismo".

FAUQUET, GEORGES: (1873-1953). Nacido en Francia, desde muy joven se dedicó a analizar el pensamiento cooperativo y su obra "El sector cooperativo", se tradujo a distintos idiomas y tuvo una gran influencia en el movimiento cooperativo. En la "Organización Internacional de Trabajo" ocupó el cargo de Director del Departamento de Cooperativas. En su obra mencionada, se ocupa de explicitar que frente a las nuevas pautas del capitalismo y a la intervención creciente del estado en la vida económica, el mundo cooperativo no puede continuar de la mano de políticas que no guían y orientan las actividades genuinas del movimiento cooperativo. Sostenía que el fin primario es mejorar la condición económica de sus miembros y generar individuos responsables y solidarios para que cada uno adquiera una vida personal plena y todos conjuntamente acceder a una vida social digna de ser vivida. En síntesis, para Fauquet los principios cooperativos son: 1) Puerta abierta a toda persona que reúna condiciones determinadas, y 2) Venta solamente a los socios.

Además, la cooperativa se encuentra en el principio y en el final del proceso económico (agricultura y consumo) mientras la zona central (industrias y transformación) será capitalista o pública.

FILENE, EDUARDO: (1860-1937). Comerciante y filántropo estadounidense que se dedicó generosamente al estudio de las uniones de crédito. Sustancialmente combatió las prácticas y condiciones leoninas que se aplicaban a la gente más humilde y/o de escasos recursos económicos, luchando contra las imposiciones que se aplicaban. Su tarea tuvo un desarrollo y un resultado tan notable a través de las cooperativas de ahorro y crédito que se fueron multiplicando hacia otros países.

FOURIER, CHARLES FRANCOISE MARIE: (1772-1837). Filósofo francés, socialista, hijo de un rico mercader de Besancon, Francia, fue también comerciante en dicha plaza hasta que perdió completamente su fortuna a consecuencia de la Revolución. Luego de diversas vicisitudes busca una organización de la sociedad que se funde en el disfrute y se esfuerza en establecer un orden material en el que "la armonía de las pasiones sea la base del trabajo". Para que el mismo trabajo sea agradable a los hombres, todos deben ser encaminados, en forma que tengan ocasión de escoger la actividad que prefieran, con lo cual se excita la diligencia, se evitan los delitos y se amplía la productividad. Su pensamiento se basaba en una reestructuración social, que consistía en la división de la sociedad en "Comunidades cooperativas" o "Colonias comunitarias" que él denominaba "Falansterio". La Falange era una comunidad cooperativa en la que se desarrollaban las actividades agrícolas, de servicios e industriales. El fundamento o la génesis de este tipo asociativo emanaba de la unión de intereses y en que la problemática social se debía enfrentar mediante la formación de grupos organizados dentro de una vida comunitaria. En las comunidades cooperativas prevalecería la producción y el consumo. La proposición práctica se basaba en que "la colectividad se repartiría en comunidades de 1500 a 2000 personas (Falanges), asignando a cada una un territorio de una legua cuadrada francesa, y vivirían en unos cuarteles (Falansterios) agrupándose en series libres para la producción agrícola y comercial. El capital necesario se obtendría por acciones, la tierra, las herramientas y demás sería de propiedad común y el beneficio se repartiría entregando 4/12 como dividendo del capital, 5/12 como parte correspondiente al trabajo y 3/12 como retribución de talento. Por tanto, no habría igualdad en el consumo. La producción sería ejercida al por mayor para sacar más altos rendimientos. La educación de los niños sería en común. La posición de la mujer completamente igual a la del hombre".

GARRIDO TORTOSA, FERNANDO: (1821-1883). Ferviente defensor del socialismo y revolucionario español fundó, siendo muy joven, la revista "Atracción"; posteriormente creó otra publicación: "La Organización del Trabajo". Acérrimo defensor de la doctrina de Fourier, fue un propagador incansable del cooperativismo. Resultó perseguido y encarcelado en Madrid y luego se desplazó a Londres. Allí entró en contacto con los cooperadores ingleses y visitó Rochdale. Su obra más importante fue: "Historia de las asociaciones obreras en Europa", que se publicó en Barcelona en 1864. Tuvo gran influencia también en América.

GASCÓN Y MIRAMÓN, ANTONIO: (...-1931). Primer catedrático de Cooperación y Mutualidad de la Escuela Social de Madrid España. Realizó una estupenda tarea con sus discípulos, quienes con posterioridad lanzaron la Cooperativa rochdaliana por todo el territorio.

GIDE, CHARLES: (1847-1932). Economista francés. Verdadero maestro de las ciencias económicas. Profesor en la Universidad de

Burdeos de 1874 a 1880, de 1880 a 1898 en la de Montpellier y finalmente en el College de France. Sus obras más importantes fueron: "Principios de Economía Política", en 1883; "Historia de las doctrinas económicas", en colaboración con Rist en 1909; "Las instituciones de progreso social" en 1920 y numerosos escritos menores. En 1887 fue co-fundador de la "Revista de economía política". Firme defensor de los métodos del cooperativismo como fórmula para lograr la socialización de la riqueza y fundó la "Escuela de Nimes". Su obra tenía postulados fundamentales:

1) La soberanía del consumidor;

2) Una organización económica no significaba abarcar todas las actividades económicas a través de las cooperativas.

3) El dilema fundamental era evolución o revolución, él defendió claramente la evolución, nunca revolución.

4) No concebía la lucha de clases, por el contrario era partidario del pacifismo. y

5) Garantizar un precio justo, para él significaba la supresión del lucro.

GODIN, ANDRÉ JEAN-BAPTISTE: (1817-1888). Reformador francés, empresario industrial, creó en 1877 su "familisterio" en Guise. Su aporte fundamental fue el carácter industrial no agrícola del ente productivo.

GRUNDTVIG NIKOLAI: (1783-1872). De origen danés se ocupó de las cooperativas agrarias en Dinamarca. Su tarea resultó fundamental en el desarrollo y concreción de la actividad rural.

HAAS, WILHELM: (1839-1913). Trabajó inicialmente con Raiffeisen, luego se separó y en 1873, fundó en Hesse una confederación de cooperativas agrícolas de consumo. Impulsó un movimiento cooperativo a los efectos de responder a las necesidades de créditos y cobertura económica a los grupos no incorporados de Raiffeisen. Para éste tenáz y persistente alemán la descentralización era fundamental para el desarrollo de las estrategias cooperativas.

HOLLYOAKE JORGE JACOBO: (1817-1906). De origen inglés, fue un incansable luchador por la libertad religiosa y la libertad de expresión. Su obra "La historia de los pioneros de Rochdale", es quizás la más mencionada por los cooperativistas. En la misma quedaron plasmados los principios de la Alianza Cooperativa Internacional.

HUBER AIMÉ HUBER: (1800-1869). Nació en Alemania. Padre espiritual del sector de vivienda social, colocó los cimientos para desarrollar y concretar cooperativas y proyectos de vivienda sociales. Su idea fundamental se basaba en la unión de los pequeños para poder competir y enfrentar a los más fuertes y poderosos. Es decir, estaba referido a pequeños empresarios, artesanos e industriales incipientes y comerciantes. También su concepción ideológica permitía y apoyaba la colaboración del Estado y cualquier tipo de ente que fomentase la actividad cooperativa.

JUSTO, JUAN BAUTISTA: (1865-1928). Escritor, médico y político argentino que desde muy joven se interesó por las cuestiones políticas e ingresó en 1889 a la comisión directiva de la Unión Cívica de la juventud, de la cual se alejó posteriormente. Muy preocupado e interesado por la condición de vida de los trabajadores y por el socialismo comenzó a escribir en el periódico "El obrero". En 1894 fundó y dirigió "La Vanguardia", periódico socialista. Viajó por diversos países y en 1898 creó el partido Socialista Obrero Argentino y la sociedad luz de la cultura y propaganda. Profundizó el estudio de los problemas agrarios, propagó el cooperativismo y fundó la Cooperativa "El hogar obrero", que tuvo un notable éxito por muchos años. Sus obras más importantes fueron: "La moneda"; "Teoría y práctica de la historia" y "La cooperación libre".

KAUFMANN HEINRICH: (1864-1928). Comerciante alemán que llevó adelante el espíritu de las cooperativas de consumo. Se dedicó fundamentalmente a la organización, desarrollo y promoción de las cooperativas alemanas de consumo. Coherente con sus ideas sostuvo siempre que las cooperativas de consumo únicamente debían servir a sus miembros.

KING, WILLIAM: (1786-1865). Autor relevante como pocos en el mundo del cooperativismo cursó sus estudios de medicina en la Universidad de Cambridge - Brigthon, Inglaterra. Muchos autores sostienen que fue el padre de la Cooperación en Inglaterra. Fue el creador del periódico mensual "The co-operator", en el cual él únicamente se ocupó de su redacción desde 1828 a 1830. Ya en 1827 había creado una cooperativa de consumo que engendró, paulatinamente, pero con una enorme fuerza y predicamento, más de trescientas cooperativas. No obstante ello, las exigencias que se requerían para el ingreso a ellas en calidad de socios fueron generando un fracaso notorio. Algunos de los requisitos eran: 1) Ingreso hasta los 35 años; 2) Casado con una muer que a su vez tuviese interés en el movimiento cooperativo; 3) Ser obrero manual; 4) Capacitación e instrucción adecuadas con la tarea a desarrollar; 5) Conducta honesta y carácter agradable; 6) No tener muchos hijos; 7) No retirar dinero u otra recompensa; 8) Todo tipo de excedente se destinaba a un fondo colectivo genérico e indivisible; 9) Ninguna asociación podía tener más de 60 asociados. Evidentemente que ante todas las exigencias la falta de clientela era imposible consolidar una tienda cooperativa. Su intuición resultó un mérito reconocido al detectar la relevancia e importancia de las cooperativas de consumo dentro de la reforma económica y social. Además, destacó con gran énfasis la importancia del consumidor y su poder de elección con respecto a la actitud consumista.

LAMBERT, PAUL: (1912-1977). Sin duda uno de los autores más importantes en el campo del cooperativismo, publicó en 1959 su obra más famosa "La doctrina cooperativa". Para él la democracia "es el principio que distingue la auténtica cooperativa de la empresa capitalista". El principio más importante y determinante de la cooperación es la democracia. Para él, progresivamente y gracias a la cooperación desaparece la oposición entre consumidor y productor y que en el futuro conduciría a la concordancia y a la fusión del reino del consumidor con la soberanía del trabajo.

LASSALLE, FERNANDO: (1825-1864). Filósofo y escritor alemán, aristócrata por inclinación, hegeliano, poco convencional, consagró su carrera al socialismo militante, Fundó el Partido Social Demócrata, es decir, la Asociación General de Trabajadores Alemanes, pidió el sufragio universal y atacó al capitalismo y a la propiedad privada, Acuña la frase "ley de hierro (o bronce) de los salarios". Socialista, arrestado por su participación en la revolución de 1848. En 1863 constituyó, en Leipzig, la Asociación General de Trabajadores Alemanes, que en realidad fue un anticipo del partido social demócrata. En realidad, su ideología socialista no impidió su inquebrantable actitud nacionalista. Sus obras fundamentales fueron:"El sistema de los derechos adquiridos" y "Capital y trabajo". Sostenía que siempre una clase se han enriquecido a costa de los demás. El único recurso para mejorar dicha situación consistía en crear asociaciones de producción. Pero ante la falta de capital y de crédito, el Estado debía intervenir para adelantar y ayudar. El peligro del fracaso de las empresas es pequeño cuando todas operan colectivamente. Ignoraba la competencia extranjera, por ello su doctrina sobre las asociaciones de producción no fue aceptada ni por sus discípulos y la ley de bronce del salario fue declarada insostenible.

LASSERRE, GEORGES: (1902-...). Sociólogo francés nacido en Ginebra. Prisionero en Alemania durante la Segunda Guerra Mundial. Perteneciente a la Escuela de Nimes, fue profesor de la universidad de Lyon y desde 1950 en la de París. Sus obras más importantes fueron: "El sector cooperativo y la protección del consumidor"; "Las cooperativas contra los carteles y los tru"; La experiencia cooperativa de la democracia económica". Trató con suma crudeza y profundidad el análisis de las cooperativas de consumo. Para él, una cooperativa es una asociación de carácter voluntario. Nace libre y espontáneamente dentro de la sociedad, sin que en ello intervenga el poder público ni cualquier otra autoridad general o local. El hombre cooperativa perfecto debe tener el sentido de interés general en el más amplio sentido de la palabra interés nacional, interés por la comunidad mundial.

LAVERGNE, BERNARD: (1884-1975). Figura muy importante en la Escuela de Nimes. Discípulo de C. Gides pero con una personalidad y conceptos no siempre iguales. Reconoce el principio de soberanía del consumidor y llega a expedirse por la exclusión de las cooperativas obreras de producción y las agrícolas, por no ser auténticas cooperativas. Este autor realizó una interpretación muy personal de los principios de Rochdale y los redujo a cuatro principios o reglas: 1) la propiedad y la gestión de las empresas deben pertenecer a los delegados directos o indirectos de los consumidores; 2) el retorno a proporción de las compras realizadas; 3) cada asociado sólo tiene un voto; y 4) principio de la puerta abierta. Introduce la cooperación en el derecho público al proponer la creación de cooperativas por parte de los poderes públicos, de forma que ellos mismos sean socios de la cooperativa a la que Lavergne llamó *régie coopérative.*

LIST, FRIEDRICH: (1789-1846). Economista alemán, nacido el 16 de agosto de 1789, en Reutlingen, ciudad del reino de Würtemberg. Desde joven trabajó en el taller artesanal de su padre, pero su escasa vocación por el mismo derivó en su ingreso a la Administración Superior de Tübengen y ello le permitió después de un período de transición ocuparse de desarrollar su actividad en la "Asociación de Industria y Comercio Alemán". En 1820 ingresó en la Cámara de Würtemberg como diputado por la ciudad de Reutlingen, pero acusado por las calumnias contra la administración pública y como un delito contra el Estado, fue condenado a trabajos forzados y a un encierro, pero se evadió. Desterrado ulteriormente bajo el cargo de sedición, adoptó la ciudadanía estadounidense. En su primera etapa su vida estuvo dedicada a la caza y el pastoreo, la segunda al estado agrícola, la tercera en el agrícola manufacturero y la cuarta en el agrícola manufacturero comercial. Para él únicamente el desarrollo industrial trae consigo al intelectual y permite a un país encaminarse hacia la riqueza y a posteriori la industria toma mayor incremento cuando el comercio internacional le abre amplios horizontes.

LUZZATTI, LUIGI: (1841-1927). Jurista, economista y político italiano. Fue el creador de la Banca Popular de Milan, institución de crédito. Notable teórico del cooperativismo y de la legislación social italiana. Introdujo en Italia el cooperativismo de crédito.

MAC DONALD, JOSEPH ALEXANDER: (1908-1967). Nació en Canadá, sacerdote y activista comunitario, miembro fundamental del movimiento cooperativista, desarrolló el mismo primero en Canadá y posteriormente en Puerto Rico. Escribió: "Sinopsis de la lectura y Antigonish and Puerto Rico".

MARSHALL, ALFRED: (1842-1924). Economista inglés, nacido en Londres. Crea la cátedra de economía en la Universidad de Cambridge y de Oxford. Su obra más conocida, "Principios de Economía", escrito en 1890, trató de presentar una visión moderna de las viejas doctrinas. Aborda el llamado equilibrio económico parcial e introduce en el análisis económico la hipótesis *caetaris paribus*, que facilita el estudio de una variable económica mientras el resto permanece constante. Las nuevas doctrinas han complementado a las viejas, las han ampliado. Otras obras fueron: La industria y el comercio; Dinero, crédito y comercio. En síntesis, Marshall fue el exponente más capaz del "neo-clacisismo", es el cuerpo de pensamiento económico más aceptado en el mundo actual.

Adhirió al cooperativismo partiendo de ideas distintas en Walras. Su señal principal es la separación entre la propiedad y el control y la difusión de los métodos burocráticos tanto en las empresas públicas como en las privadas. Las ideas de Marshall convergieron en que el sistema cooperativo debería traducirse en economía interna y en consecuencia en menores costos de producción. Es decir, el volumen de producción de equilibrio cooperativo es mayor que el de las empresas capitalistas.

MAXWELL, GUILLERMO: (1841-1929). De origen inglés llamado "El caballero de la cooperación" enfrentó decididamente y con un fervor inclaudicable a las fábricas explotadoras de la clase obrera. Fue un factor decisivo en la implantación del Acta de Compensación de los Trabajadores.

MILHAUD, EDGARD: (1873-1964). Profesor de economía que se destacó por sus estudios de la economía colectiva y con un objetivo claro: el cooperativismo. En 1908 el profesor fundó en Ginebra, Suiza, una revista con el objetivo de recoger artículos y reflexiones de economistas y otro tipo de estudiosos y expertos del cooperativismo y del área económica. Fue el creador del "Centro Internacional de Investigación y de información sobre la economía pública, social y cooperativa (Ciriec Internacional) Su finalidad: fomentar y ratificar la recolección de información, promueve la investigación científica y la publicación de trabajos de los sectores económicos y todo tipo de actividad de interés general.

MILL, JOHN STUART: (1806-1873). Economista y filósofo inglés, hijo de James Mill, dotado de gran energía física dedicó la mayor parte de su tiempo a escribir. Escribió su "Sistema de Lógica" en 1843; "Principios de Economía Política" con algunas de sus aplicaciones a la filosofía social, en 1848; "Consideraciones sobre el gobierno representativo", en 1861; "Utilitarismo" en 1863; "Comte y el positivismo" en 1868; es decir, es notable la cantidad y calidad de obras escritas por este verdadero intelectual. Discrepó con Ricardo y subraya que el valor de los bienes no solamente está dado por el trabajo, sino por todos los factores de producción. Realmente era un reformador social, un iniciador en la aplicación del elemento humano a la economía. Políticamente fue un liberal moderado que preserva la libertad individual y acepta ciertas premisas socialistas respecto de la justicia social.

MITCHELL, J. T.: de origen inglés, presidente de la Wholesale, importantísimo almacén al por mayor de la ciudad de Manchester. Su encomiable tarea se fundamentó en que el principio de la soberanía del consumidor fuese simultáneamente un ideal cristalizado en la realidad. Esta posición tuvo un gran apoyo de Beatrice Potter.

NEALE, VANSITTART: (1810-1892). De origen inglés, perteneció al socialismo cristiano y fue representante más relevante de la escuela individualista. Esta escuela estaba enfrentada a la escuela federalista que tenía como objetivo fundamental era defender la soberanía del consumidor. Desempeñose en la Unión Cooperativa inglesa como secretario. Ésta aglutinaba a todas las cooperativas y se ocupaba de generar congresos y actividades cooperativas. Además fue uno de los promotores más prominentes de la Alianza Cooperativa Internacional.

ODHE, THORSTEN: (1892-1966). Verdadero personaje del cooperativismo sueco, que además de ocupar importantes cargos en organismos de gran envergadura (*Kooperativa Förbundet*; Kooperatoren; Alianza Cooperativa Internacional), ha escrito diversas obras de notable trascendencia: "Integración Económica y Desarrollo Cooperativo" y "La Reconstrucción de Israel"; y además múltiples publicaciones del mundo de cooperativismo. Sostenía que el cooperativismo se basaba en el individuo y en todos los valores humanos: igualdad, solidaridad, ayuda mutua y justicia.

OWEN, ROBERT: (1771-1858). Genuino representante de socialismo inglés, nacido en Newtown, Gran Bretaña; fue un verdadero filántropo. Este industrial inglés pudo conciliar la legislación social y la política de relaciones humanas en la industria. Comenzó su actividad de reformador social en la primera década del siglo XIX. Redujo la duración de la jornada laboral y favoreció la creación de una caja mutua y de una cooperativa de consumo en la fábrica de New Lanark (Escocia) de la que era copropietario. Posteriormente su interna y profunda labor hizo sentir sus efectos al plantear el trabajo excesivo de los niños en las fábricas. En 1815, preparó con Robert Deal el primer proyecto de ley obrera en la que, entre otras cosas, se prohíbe el trabajo a los niños menores de 10 años. El proyecto recién se transformó en ley en 1819. Se ocupó de generar un movimiento cooperativo entre los obreros ingleses, otorgándole un impronta clásica. En 1834, luego de atravesar marchas y contramarchas, avances y retrocesos, fundó la "Grand National Consolidated Trades Union", cuyo objetivo consistirá en defender y resguardar un sistema fundamentalmente socialista de producción y distribución. Asoció estrechamente la reforma moral y la transformación del sistema económico. Su gran preocupación fue alcanzar una revolución moral. Sus principales obras fueron: "Una nueva visión sobre la sociedad" o "Ensayo sobre el principio de la formación del carácter humano" y "El nuevo mundo moral". En realidad es un moralista, pero mediante una moral totalmente laica. Concibe una política actual de mejoramiento en las condiciones de vida del hombre, basado sobre la ciencia moral o Etología. Es decir, el principio básico de esta ciencia es que los seres humanos tienen interés en una unión laboral, cooperar los unos con los otros. Para alcanzar su ansiada reforma estructural de la sociedad de acuerdo con su criterio se debería fundar en la cooperación en su carácter de doctrina socio-económica científica. En síntesis, las mejoras de índole laboral otorgadas por Owen en su industria textil pueden agruparse en: 1) notables mejoras en las condiciones laborales y de seguridad social; 2) incremento de las retribuciones laborales; 3) construcción de escuelas para los hijos de sus trabajadores; 4) creación de guarderías, en general de instituciones infantiles para los niños; 5) reducción de las jornadas laborales de 14 a 10hs y 30m; y 6) supresión definitiva de los castigos aplicados a la disciplina laboral.

PARRILLA BONILLA, ANTULIO: (1919-1994). Sacerdote jesuita, pensador y educador que tuvo una notable influencia en el movimiento cooperativo en Puerto Rico.

Escribió en 1971 "Cooperativismo - Teoría y práctica", su finalidad fue la utilización como guía de estudio.

PHEIFFER, EDUARD: (1835-1921). Fundador del sistema cooperativo en Alemania. De origen alemán se destacó por su propuesta de implementar un sistema de cooperativismo que se oponía al socialismo. Partía de la base de sociedad en dirección a una economía organizada y basada en las cooperativas de consumo.

PIGOU, ARTHUR CECIL: (1877-1959). Economista inglés. Ocupó la cátedra más distinguida del mundo de 1908 a 1945. Como sucesor de Marshall en la Universidad de Cambridge trabajó sobre las bases establecidas por su maestro y ha sido reconocido como el representante más destacado del pensamiento neoclásico. Sus principales obras fueron: Riqueza y bienestar (1912) y Economía del bienestar (1920) En este último libro analizó el tema de la cooperación, estimulado por el desempleo y por otros problemas sociales. Interpretó el bienestar económico como un estado de ánimo subjetivo. El desarrollo tenía como objetivo exponer que la búsqueda de la ganancia privada no redundaba en bienestar para la sociedad. Estuvo a favor de muchos aspectos socialistas.

PLOCKBOY, PETER CORNELIUS: (1620-...). Nació en Holanda se instaló en Inglaterra. El patriarca de la cooperación como se lo denominó era muy religioso y sensible a la solidaridad. Organizó en Manhattan en 1664, una colonia agroindustrial de base cooperativa. En 1659 publicó un trabajo con el título: "Ensayo sobre un proceso que haga felices a los pobres de esta nación y a los de otros pueblos", consistiendo en reunir cierto número de hombres competentes en reducida asociación económica, o pequeña república, en el cual cada uno conserve su propiedad y pueda, sin necesidad de acudir a la fuerza, ser empleado en la categoría de trabajo para la cual tenga más capacidad".

POISSON, ERNESTO: (1882-1942). Hombre de la "Escuela de Nimes", socialista, sostenía que la cooperación es socialista por naturaleza y que no existe contradicción entre el cooperativismo y el marxismo. Su obra fundamental, en la cual expresa dichos conceptos fue: "La República Cooperativa". Para él, los principios cooperativos son: 1) Reparto de los beneficios a prorrata de las operaciones societarias; 2) Igualdad absoluta de los asociados para el ejercicio del derecho y la administración; 3) Venta al asociado al precio de mercado; y 4) Reservas irrepartibles. Fue un colaborador del movimiento cooperativo y llegó a ocupar el cargo de secretario de la Unión Francesa de Cooperativas.

POTTER, BEATRICE: (1858-1943). Escritor inglés de la cooperación que apoyó con todo énfasis a J. Mitchell, también inglés, en el principio de la soberanía del consumidor. Su principal obra fue: "La cooperación en Gran Bretaña". Obviamente que le otorgó un apoyo irrestricto a la soberanía del consumidor, pero también sostenía la idea de que el Estado socializara sectores importantes de la economía. Para él las relaciones de los trabajadores debe establecerse a través de las asociaciones gremiales o sindicatos.

RAIFFEISEN, FRIEDRICH WILHELM: (1818-1888). Impulsor de las cooperativas de ahorro y crédito y agrícolas. Nacido en Alemania, fundó el sistema de bancos agrarios cooperativos. Durante 1846 y 1847, se produjo el desastre económico atribuido a la falta de créditos para los campesinos pequeños, por ello se decidió a constituir la primera cooperativa de préstamo y ahorro con una enorme trascendencia internacional. Logró convencer a varios de los poderosos económicamente a formar parte de las cajas rurales, que a su vez resultaban una garantía para todos. Los pequeños agricultores se vieron muy favorecidos por esta iniciativa y posterior concreción.

REPETTO, NICOLÁS: (1871-1965). Político y médico argentino. Íntimo amigo de J. B. Justo, presidió el Partido Socialista y fue cofundador de la cooperativa "El hogar obrero".

SAINT-SIMON, CLAUDE-HENRI DE ROUVROY, CONDE DE: (1760-1825). Maestro, escritor, filósofo y político francés, uno de los máximos exponentes de la sociología moderna nación en París pero joven partió hacia América, a Washington. Sus partidarios A. Comte, Bazard (fundador del carbonarismo) y Pierre Leroux enarbolaron su discurso "a cada uno según su capacidad y a cada capacidad según su obras" y fundaron la comunidad de

Ménilmuntant, que culminó con una condena judicial. Quiso reorganizar la sociedad europea mejorar la suerte de la humanidad, santificar el trabajo, asociar a los trabajadores, liberar a la mujer, realizar la propiedad, la familia y la religión. Sus teorías utópicas, basadas primero en las matemáticas y después en la economía, cristalizaron un cristianismo social, oscilando entre un socialismo, del cual fue el precursor, y un individualismo anárquico. La lucha de clases la concebía como una pugna entre hombres productores y hombres ociosos. La sociedad más que ser gobernada debe ser conducida y dirigida.

Se oponía a todo tipo de violencia y a su vez, esperaba que los propietarios feudales relegarían su poder voluntariamente.

Escribió su principal obra en 1821: "El sistema industrial". En la cual solicitaba que la sociedad se organizara sobre una base industrial más que política, con dirigentes capaces, con gobernantes de un nuevo mundo industrial y sin la burocracia feudal y eclesiástica. Otros libros fueron: Cartas de un habitante en Ginebra, Bocetos de una enciclopedia nueva; etc.

En síntesis, en todos sus escritos el deseaba reformar la sociedad. Sus ideas fragmentarias fueron posteriormente difundidas por Augusto Comte, quien acuñó el término "sociología".

SALAS ANTÓN, JUAN: (1854-1931). Nacido en Sabadell, se recibió de abogado en 1877 en Barcelona. Acérrimo defensor del cooperativismo rochdaliano y de la doctrina socialista. En 1902 fue elegido miembro del Comité Ejecutivo de la Alianza Cooperativa Internacional, en el Congreso Cooperativa realizado en Manchester, Inglaterra. Fue uno de los más prestigiosos exponentes del cooperativismo en España.

SCHULTZE-DELITZSCH, H.: (1808-1883). Juez y magistrado alemán, que promovió el cooperativismo en Alemania con una orientación sólida hacia el crédito cooperativo. Presentó el primer proyecto de legislación cooperativa que se promulgó por el Parlamento de Prusia en 1867. Además en 1852 creó una pequeña institución crediticia que resultó el puntapié inicial del momento cooperativo de los bancos populares.

SERWY, VÍCTOR: (1863-1946). De origen belga, aportó al movimiento cooperativo su capacidad, fervor y experiencia. Asimismo escribió una verdadera enciclopedia: "Historia de la Cooperación", cuyo contenido fue explicitado en cinco volúmenes, Además, fue el autor de "Un siglo de Cooperación".

STAUDINGER, FRANZ: (1849-1921). Filósofo alemán que tuvo gran influencia en el movimiento de cooperativas de consumo. Además fue el principal impulsor de la preponderancia del servicio público en su relación con los consumidores.

THOMAS, ALBERT: (1878-1932). Ferviente admirador de que las cooperativas se uniesen entre sí con el afán de alcanzar incrementar las relaciones entre las cooperativas internacionales. Es necesario destacar que en 1924 juntamente con él y Fauquet, presentaron un informe integral a la Alianza Cooperativa Internacional, profundo y fundado con el objeto de crear cooperativas de trabajo, de acuerdo con las condiciones técnicas y prácticas. Además, realizó una propaganda amplia en busca incrementar el campo cooperativo a nivel internacional, fundamentalmente cuando se desempeñó como director de la Oficina Internacional del Trabajo (OIT). Fue el primer director de dicha institución.

WALRAS, LEÓN: (1834-1910). Economista suizo, hijo de Augusto Walras, de gran prestigio tuvo un activo papel en el marco del cooperativismo y especialmente desde la fundación de una revista de economía política: *Le Travail*. Su doctrina la denominó *"socialismo liberal"*.

No sólo resultó ser un partidario intelectual del cooperativismo, sino también un relevante partícipe del movimiento cooperativo francés. Sostiene su convicción de que el socialismo y el liberalismo son términos que no se excluyen, por el contrario, el parte de las zonas sanas y de peso del socialismo y del liberalismo.

El cooperativismo se fundamenta en la superación del sistema productivo asalariado a partir, no de la supresión del capital, sino de la transformación de todos los capitalistas, pero llevando la democracia al mecanismo productivo.

Adscripto en la corriente del pensamiento económico marginalista, que surge a comienzos de 1870, perteneciente a la escuela matemática de Lausanne, analiza el camino hacia el equilibrio general de la economía mediante ecuaciones matemáticas.

En 1874 escribió: Elementos de economía pura, en el cual trata las opiniones de su padre sobre la utilidad, específicamente, la intensidad de la última necesidad satisfecha.

En realidad, su objetivo era encontrar el procedimiento mediante el cual se podría lograr un equilibrio general.

WARBASSE, JAMES PETER: (...-1957) Ocupó durante un largo período la presidencia de las cooperativas de consumo estadounidenses. De las diversas obras de su autoría sobresale netamente la "Democracia cooperativa". Siempre tuvo una actitud crítica con respecto a las cooperativas agrícolas, ya que sostenía que éstas perseguían como su finalidad el lucro, y no representaban genuinamente una actitud solidaria, altruista y democrática. Otras obras fueros: ¿Qué es el cooperativismo? y El camino cooperativo, un método de reconstrucción del mundo.

WEBER, MAX: (1864-1920). Para algunos autores el sociólogo más importante. En Alemania, escribió varias obras. La ética protestante y el espíritu del cooperativismo (1904-1905); La situación de la democracia en Rusia (1906); Historia económica general (1910). Niega que la economía, la cultura, el arte, etc., sean meras superestructuras de una institución económica subyacente, sino que las presenta como efectos de los correspondientes desarrollos de la voluntad humana, en sus múltiples factores motivadores.

CAPÍTULO IX
NORMATIVA LEGAL INTERNACIONAL

CONVENCIÓN SOBRE EL RECONOCIMIENTO DE LA PERSONERÍA JURÍDICA DE LAS SOCIEDADES, ASOCIACIONES Y FUNDACIONES EXTRANJERAS ADOPTADA EN LA HAYA

Los Estados signatarios de la presente Convención: Deseando establecer disposiciones comunes sobre el reconocimiento de la personería jurídica de las sociedades, asociaciones y fundaciones extranjeras; resuelven concluir una Convención a este efecto y convienen las siguientes disposiciones:

Art. 1) La personería jurídica adquirida por una sociedad, una asociación o una fundación, en virtud de la legislación del Estado contratante en el que han sido cumplidas las formalidades de registro o de publicidad y en el que se encuentra su sede estatutaria, será reconocida en pleno derecho en los otros países contratantes, siempre que implique, además de la capacidad para promover acción judicial, por lo menos la capacidad de poseer bienes y de concluir contratos y otros actos jurídicos. La personería jurídica adquirida sin las formalidades de registro o de publicidad, será reconocida de pleno derecho, bajo las mismas condiciones, si la sociedad, la asociación o la fundación hubiera sido constituida de conformidad con la legislación que la rige.

Art. 2) La personería jurídica adquirida conforme a las disposiciones del art. 1, podrá no ser reconocida en otro Estado contratante cuya legislación tome en consideración la sede real, si esa sede es considerada como encontrándose en su territorio. La personería podrá no ser reconocida en otro Estado contratante cuya legislación tome en consideración la sede real, si esa sede es considerada allí como encontrándose en un Estado cuya legislación la toma igualmente en consideración. La sociedad, la asociación o la fundación será considerada como teniendo su sede real en el lugar en que haya establecido su administración central. Las disposiciones de los apartados 1 y 2 no serán aplicables si la sociedad, la asociación o la fundación traslada, dentro de un plazo razonable, su sede real a un Estado que concede la personería sin tener en cuenta a esa sede.

Art. 3) La continuidad de la personería será reconocida en todos los Estados contratantes, en caso de traslado de la sede estatutaria de uno a otro Estado contratante, si esa personería es reconocida en ambos Estados interesados. Las disposiciones de los apartados 1 y 2 del art. 2 no serán aplicables si la sociedad, la asociación o la fundación traslada su sede estatutaria al Estado de sede real dentro de un plazo razonable.

Art. 4) La fusión entre sociedades, asociaciones o fundaciones, que hayan adquirido la personería en el mismo Estado contratante, que se produzca en ese Estado, será reconocida en los otros Estados contratantes. La fusión de una sociedad, una asociación o una fundación que haya obtenido la personería en uno de los Estados contratantes, con una sociedad, una asociación o una fundación que haya obtenido la personería en otro Estado contratante, será reconocida en todos los Estados contratantes en caso de que ésta sea reconocida en los Estados interesados.

Art. 5) El reconocimiento de la personería jurídica implica la capacidad que le atribuye la ley en virtud de la cual ésta ha sido adquirida. No obstante, podrán ser denegados los derechos que la ley del Estado de reconocimiento no concede a las sociedades, a las asociaciones y a las fundaciones de tipo equivalente. El Estado de reconocimiento podrá también reglamentar el alcance de la capacidad de poseer bienes en su territorio. La personería implicará en todos los casos, capacidad para la acción judicial; tanto en calidad de demandante como de demandado, de conformidad con la legislación del territorio.

Art. 6) Las sociedades, las asociaciones y las fundaciones a las que la ley que las rige no concede la personería, tendrán, en el territorio de los otros Estados contratantes, la situación jurídica que les reconoce esta ley, especialmente en lo que se refiere a la capacidad para promover acción judicial y la relación con los acreedores. Éstas no podrán pretender tener un tratamiento jurídico más favorable en los otros Estados contratantes aun cuando reúnan todas las condiciones que garantizan en esos Estados el beneficio de la personería. Sin embargo, les podrán ser denegados los derechos que la legislación de esos Estados no conceda a las sociedades, a las asociaciones y a las fundaciones de tipo equivalente. Estos Estados podrán también reglamentar el alcance de la capacidad de poseer bienes en su territorio.

Art. 7) La aprobación para el establecimiento, el funcionamiento y en general del ejercicio permanente de la actividad social, se regirá en el territorio del Estado de reconocimiento por la ley de ese Estado.

Art. 8) En cada uno de los Estados contratantes, la aplicación de las disposiciones de la presente Convención podrán ser rechazadas por motivos de orden público.

Art. 9) Al firmar o ratificar la presente Convención, o al adherir a la misma, cada Estado contratante podrá reservarse el derecho de limitar el alcance de su aplicación, tal como resulta del art. 1. El Estado que haya hecho uso del derecho previsto en el apartado precedente, no podrá pretender la aplicación de la presente Convención por parte de los otros Estados contratantes a las categorías que él haya excluido.

Art. 10) La presente Convención queda abierta a la firma de los Estados representados ante la Séptima Sesión de la Conferencia de La Haya sobre Derecho Internacional Privado. Ésta será ratificada y los instrumentos de ratificación serán depositados ante el Ministerio de Relaciones Exteriores de los Países Bajos. Se labrará un acta de todos los depósitos de instrumentos de ratificación y una copia de la misma, certificada conforme, será enviada por vía diplomática a cada uno de los Estados signatarios.

Art. 11) La presente Convención entrará en vigencia sesenta días después del depósito del quinto instrumento de ratificación previsto en el art. 10, apartado 2. Para cada Estado Signatario que ratifique posteriormente la Convención, ésta entrará en vigencia sesenta días después de la fecha del depósito de su instrumento de ratificación.

Art. 12) La presente Convención se aplicará de pleno derecho a los territorios metropolitanos de los Estados contratantes. Si un Estado contratante deseara su puesta en vigencia en todos los otros territorios, o en alguno de los otros territorios en los que él garantiza las relaciones internacionales, deberá notificar su intención a este efecto mediante un acta que será depositada en el Ministerio de Relaciones Exteriores de los Países Bajos. Este último enviará por vía diplomática una copia certificada conforme, a cada uno de los Estados contratantes. La presente Convención entrará en vigencia para esos territorios sesenta días después de la fecha del depósito del acta de notificación indicada precedentemente. Queda entendido que la notificación prevista en el apartado 2 del presente artículo, sólo podrá tener efecto con posterioridad a la entrada en vigencia de la presente Convención, en virtud de su art. 11, apartado 1.

Art. 13) Todo Estado no representado ante la Séptima Sesión de la Conferencia de La Haya sobre Derecho Internacional Privado, podrá adherir a la presente Convención. Los instrumentos de adhesión serán depositados ante el Ministerio de Relaciones Exteriores de los Países Bajos. Éste enviará por vía diplomática una copia certificada conforme a cada uno de los Estados contratantes. La adhesión sólo tendrá efecto en las relaciones entre el Estado adherente y los Estados que no presenten objeción, durante los seis meses subsiguientes a esta comunicación. Queda entendido que el depósito del acta de adhesión sólo podrá hacerse después de la entrada en vigencia de la presente Convención, en virtud del art. 11, apartado 1.

Art. 14) La presente Convención tendrá vigencia por un período de cinco años a partir de la fecha indicada en el art. 11, apartado 1 de la presente Convención. Este período comenzará a correr a partir de esa fecha, aun para los Estados que lo hayan ratificado o que hayan adherido al mismo con posterioridad. La Convención será renovada tácitamente cada cinco años, salvo denuncia. La denuncia deberá ser notificada, por lo menos seis meses antes de la expiración del período, al Ministerio de Relaciones Exteriores de los Países Bajos, el que lo comunicará a todos los otros Estados contratantes. La denuncia podrá limitarse a los territorios o a algunos de los territorios indicados en una notificación hecha en virtud del art. 12, apartado 2. La denuncia sólo tendrá efecto para el Estado que la haya notificado. La Convención seguirá en vigencia para los otros Estados contratantes. En fe de lo cual, los abajo firmantes, debidamente autorizados por sus respectivos gobiernos, firmaron la presente Convención. Hecho en La Haya el 1 de junio de 1956, en un solo ejemplar que será depositado en los archivos del Gobierno de los Países Bajos y del cual una copia certificada conforme será enviada a cada uno de los Estados representados ante la Séptima Sesión de la Conferencia de La Haya sobre Derecho Internacional Privado.

CAPÍTULO X
CONCEPTO DE COOPERATIVA EN LATINOAMÉRICA

DERECHO COMPARADO

Cooperativa es una asociación autónoma de personas que se han unido de forma voluntaria para satisfacer unas necesidades y aspiraciones económicas, sociales y culturales, en común mediante una empresa creada con el objeto de producir o distribuir, conjunta y eficientemente bienes o servicios para satisfacer las necesidades de sus asociados y de la comunidad en general (Alianza Cooperativa Internacional).

Es cooperativa la empresa asociativa sin ánimo de lucro en la cual los trabajadores o los usuarios, según el caso, son simultáneamente los aportantes y los gestores de la empresa, creada con el objeto de producir o distribuir conjunta y eficientemente bienes o servicios para satisfacer las necesidades de sus asociados y de la comunidad en general (Legislación colombiana).

Las cooperativas son personas jurídicas privadas de interés social fundadas en la solidaridad y el esfuerzo propio para realizar actividades económico-sociales con el propósito de satisfacer necesidades individuales y colectivas, sin ánimo de lucro (Legislación puertorriqueña).

Organización cooperativa aquella constituida sin propósito de lucro y que procura, mediante el esfuerzo propio y la ayuda mutua de sus miembros, el servicio inmediato de estos y el mediato de la comunidad (Legislación peruana).

Derecho cooperativo es el conjunto de normas especiales, jurisprudencia, doctrina y prácticas basadas en los principios que determinan y regulan la actuación de las organizaciones cooperativas y los sujetos que en ella participan (Legislación uruguaya).

Asociaciones que de conformidad con el principio de ayuda mutua tienen por objeto mejorar las condiciones de vida de sus socios y presentan las siguientes características:

1) Los socios tienen iguales derechos y obligaciones, un solo voto por persona y su ingreso y retiro es voluntario.

2) Deben distribuir el excedente correspondiente a operaciones con sus socios, a prorrata de aquellas.

3) Deben observar mentalidad política y religiosa, desarrollar actividades de educación cooperativa y procurar establecer entre ellas relaciones federativas e intercooperativas (Legislación chilena).

Las cooperativas son asociaciones autónomas de personas que se unen voluntariamente sobre la base del esfuerzo propio y la ayuda mutua, para satisfacer sus necesidades económicas, sociales y culturales comunes, por medio de una empresa de propiedad conjunta y democráticamente gestionada (Legislación uruguaya).

Las cooperativas son asociaciones abiertas y flexibles, de hecho y derecho cooperativo, de la Economía Social y Participativa, autónomas, de personas que se unen mediante un proceso y acuerdo voluntario, para hacer frente a sus necesidades y aspiraciones económicas, sociales y culturales comunes, para generar bienestar integral, colectivo y personal, por medio de procesos y empresas de propiedad colectiva, gestionadas y controladas democráticamente (Legislación venezolana).

Las cooperativas se basan en los valores de ayuda mutua, esfuerzo propio, responsabilidad, democracia, igualdad, equidad y solidaridad. Sus miembros promueven los valores éticos de honestidad, transparencia, responsabilidad social y compromisos por los demás (Legislación venezolana).

La sociedad cooperativa es una forma de organización social integrada por personas físicas con base en intereses comunes y en los principios de solidaridad, esfuerzo propio y ayuda mutua, con el propósito de satisfacer necesidades individuales y colectivas, a través de la realización de actividades económicas de producción, distribución y consumo de bienes y servicios (Legislación mexicana).

Las cooperativas constituyen asociaciones de utilidad pública, de interés social y de derecho privado; y el ejercicio del cooperativismo se considera un sistema eficaz para contribuir al desarrollo económico, al fortalecimiento de la democracia, o a la equitativa distribución de la riqueza y del ingreso a la nacionalización de las actividades económicas (Legislación panameña).

Asociaciones titulares de una empresa económica al servicio de sus asociados, que se rigen en su organización y funcionamiento por las disposiciones estipuladas en la norma legal pertinente. Tienen personalidad jurídica propia y distinta de la de sus asociados al estar inscriptos en el Registro de Cooperativas (Legislación guatemalteca).

Las cooperativas son organizaciones privadas, voluntariamente integradas por personas que, constituidas conforme a la ley e inspiradas en el esfuerzo propio y la ayuda mutua, realizan actividades económico-sociales, a fin de prestar a si mismos y a la comunidad, bienes y servicios para la satisfacción de necesidades colectivas e individuales (Legislación hondureña).

Es una asociación sin fines de lucro, de personas naturales y/o jurídicas que se asocian voluntariamente, constituyendo cooperativas, fundadas en el trabajo solidario y de cooperación, para satisfacer sus necesidades productivas y funcionamiento autónomo y democrático (Legislación boliviana).

CAPÍTULO XI
ESTADOS CONTABLES E
INFORMACIÓN COMPLEMENTARIA

INTRODUCCIÓN

Los entes cooperativos requieren un marco contable específico a los efectos de plasmar y satisfacer, una información certera, veráz y comprensible a todos aquellos vinculados directa o indirectamente con el ente. Por ello, resulta necesaria la aplicación de normas de exposición contable de auditoría, con la finalidad de aportar información a los socios, a terceros y a las autoridades de fiscalización pertinentes. Estas normas particulares de presentación de estados contables, más los modelos básicos de exposición e información contables constituyen un encuadramiento eficaz para ejercer un control adecuado y eficaz del desarrollo societario de un ente cooperativo.

A continuación se desarrollarán los distintos modelos de exposición contable, que en cada caso particular se adoptará al funcionamiento y objeto de cada tipo de cooperativa.

MODELOS

ENCABEZADO

Por el ejercicio anual n° ... iniciado el ... presentado en forma comparativa con el ejercicio anterior.

Expresado en moneda constante (pesos) del ... fecha de cierre del último de ellos.

....

Denominación:

....

Domicilio legal:

....

Actividad principal:

....

Inscripción en el   Del estatuto o contrato social

Registro Público   ....

de Comercio   De las modificaciones

....

Inscripción en el organismo de contralor:

....

ESTADO DE SITUACIÓN PATRIMONIAL (O BALANCE GENE-RAL) AL.........................COMPARATIVO CON EL EJERCICIO ANTERIOR				Actual	Anterior
ACTIVO	Actual	Anterior	**PASIVO**		
ACTIVO CORRIENTE			PASIVO CORRIENTE		
Caja y bancos (nota ...)			Deudas		
Inversiones temporarias			Comerciales (nota ...)		
(Anexo ... y nota ...)			Préstamos (nota ...)		
Créditos por ventas (nota...)			Remuneraciones y cargas		
Otros créditos (nota ...)			sociales (nota ...)		
Bienes de cambio (nota ...)			Cargas fiscales (nota ...)		
Otros activos (nota ...)			Anticipo de clientes (nota ...)		
			Dividendos a pagar (nota ...)		
			Otras (nota ...)		
Total del activo corriente			Total deudas		
			Previsiones (nota ...)		
ACTIVO NO CORRIENTE					
Créditos por ventas (nota ...)			Total del pasivo corriente		
Otros créditos (nota ...)					
Bienes de cambio (nota ...)			PASIVO NO CORRIENTE		
Bienes de uso (anexo ... y nota ...)			Deudas:		
Participaciones permanentes			(ver ejemplificación en		
en sociedades (Anexo... y nota...)			pasivos corrientes)		
Otras inversiones (Anexo... y nota...)			Total deudas		
Activos intangibles			Previsiones (nota ...)		
(anexo ... y nota ...)			Total del pasivo no corriente		
Otros activos (nota ...)					
			Total del pasivo		
Subtotal del activo no corriente					
			Participación de terceros en		
Llave de negocio (nota...)*			sociedades controladas		
Total del activo no corriente			**PATRIMONIO NETO** (según estado correspondiente)		
Total del activo			Total del pasivo, participación de terceros y patrimonio neto		
* Si correspondiera, también se consignará a continuación del activo corriente.					

ESTADO DE RESULTADOS Por el ejercicio anual finalizado el .../.../... comparativo con el ejercicio anterior	Actual	Anterior
Resultados de las operaciones que continúan[1]		
Ventas netas de bienes y servicios (Anexo ...)		
Costo de los bienes vendidos y servicios prestados	———	———
Ganancia (Pérdida) bruta		
Resultados por valuación de bienes de cambio al valor neto de realización (Anexo...)[2]		
Gastos de comercialización (Anexo ...)		
Gastos de administración (Anexo ...)		
Otros gastos (Anexo ...)		
Resultados de inversiones en entes relacionados (nota ...)		
Depreciación de la llave de negocio[3]		
Resultados financieros y por tenencia[4]		
-Generados por activos (nota ...)		
-Generados por pasivos (nota ...)		
Otros ingresos y egresos (nota ...)	———	———
Ganancia (pérdida) antes del impuesto a las ganancias		
Impuesto a las ganancias (nota ...)	———	———
Ganancia (Pérdida) ordinaria de las operaciones que continúan		
Resultado de las operaciones en discontinuación[1]		
Resultado de las operaciones (nota ...)[5]		
Resultados por la disposición de activos y liquidación de deudas (nota ...)[5]	———	———
Ganancia (Pérdida) por las operaciones en descontinuación		
Participación de terceros en sociedades controladas (nota ...)[3]	———	———
Ganancia (Pérdida) de las operaciones ordinarias	———	———
Resultados de las operaciones extraordinarias (nota ...)[6]	———	———
Ganancia (Pérdida) del ejercicio	———	———
Resultado por acción ordinaria		
Básico:		
Ordinario		
Total		
Diluido:		
Ordinario		
Total		

1 No se requiere la inclusión de este título cuando no existen operaciones en descontinuación.

2 En esta línea se incluyen los resultados por valuación de bienes de cambio a su valor neto de realización.

3 Conceptos que corresponden al estado de resultados consolidado. De existir resultados extraordinarios en las sociedades controladas deberá exponerse separadamente la porción ordinaria y la extraordinaria correspondiente a la participación de terceros.

4 Pueden exponerse en una sola línea. En el caso de que se opte por presentar la información con un mayor grado de detalle, se podrá optar por incluirla en una línea con referencia a la información complementaria, o exponerla detalladamente en el cuerpo del estado.

5 Debe discriminarse el impuesto a las ganancias relacionado con estos conceptos.

6 Pueden exponerse en una línea, neto del impuesto a las ganancias, con referencia a la información complementaria, o exponerse detalladamente en el cuerpo del estado, discriminando el impuesto a las ganancias correspondiente.

ESTADO DE EVOLUCIÓN DEL PATRIMONIO NETO

Por el ejercicio anual finalizado el .../.../... comparativo con el ejercicio anterior

Rubros	Aportes de los propietarios					Resultados acumulados						Totales	
	Capital suscripto	Ajustes del capital	Aportes irrevocables	Prima de emisión	Total	Gnancias reservadas			Resultados diferidos[2]	Resultados no asign.	Total	Ejerc. actual	Ejerc. anterior
						Reserva legal	Otras reservas	Total					
Saldos al inicio del ejercicio													
Modificación del saldo (nota...)													
Saldos al inicio del ejercicio modificados													
Suscripción de ...acciones ordinarias[1]													
Capitalización de aportes irrevocables[1]													
Distribución de resultados no asignados[1]													
Reserva legal													
Otras reservas													
Dividendos en efectivo (o en especie)													
Dividendos en acciones													
Desafectación de reservas[1]													
Aportes irrevocables[1]													
Absorción de pérdidas acumuladas[1]													
Incremento/Desafectación de resultados diferidos[2]													
Ganancia (Pérdida) del ejercicio													
Saldos al cierre ejercicio													

[1] Aprobadas/os por .... del .../.../...

[2] Los "resultados diferidos" se presentarán separadamente de acuerdo con su diferente naturaleza.

ESTADO DE FLUJO DE EFECTIVO (Método indirecto)		
Por el ejercicio anual finalizado el .../.../... comparativo con el ejercicio anterior		
	Actual	Anterior
Variaciones del efectivo		
Efectivo al inicio del ejercicio		
Modificaciones de ejercicios anteriores (nota...)		
Efectivo modificado al inicio del ejercicio (nota...)		
Efectivo al cierre del ejercicio (nota...)		
Aumento (Disminución) neta del efectivo		
Causas de las variaciones del efectivo		
Actividades operativas		
Ganancias (Pérdidas) ordinarias del ejercicio		
Más (Menos) intereses ganados y perdidos, dividendos ganados e impuesto a las ganancias devengados en el ejercicio[1]		
Ajustes para arribar al flujo neto de efectivo proveniente de las actividades operativas:		
Depresiación de bienes de uso y activos intangibles		
Resultados de inversiones en entes relacionados		
Resultado por venta de bienes de uso		
....		
Cambios en activos y pasivos operativos:		
(Aumento) Disminución en créditos por ventas		
(Aumento) Disminución en otros créditos		
(Aumento) Disminución en bienes de cambio		
Aumento (Disminución) en deudas comerciales		
....		
Pagos de intereses[2]		
Pagos de impuestos a las ganancias[3]		
Cobros de dividendos[4]		
Pagos de dividendos[2]		
Cobros de intereses[4]		
Flujo neto de efectivo generado (utilizado) antes de las operaciones extraordinarias		
Ganancia (pérdida) extraordinaria del ejercicio		
Ajustes para arribar al flujo neto de efectivo proveniente de las actividades extraordinarias		
Valor residual de activos dados de baja por siniestros		
Resultados devengados en el ejercicio y no cobrados		
Resultados cobrados en el ejercicio y devengados en ejercicios anteriores		
Flujo neto de efectivo generado por (utilizado en) las actividades extraordinarias[5]		

Flujo neto de efectivo generado por (utilizado en) las actividades operativas		
Actividades de inversión[6]		
Cobros por ventas de bienes de uso		
Pagos por compras de bienes de uso		
Pagos por compra de la Compañía XX		
....		
Flujo neto de efectivo generado por (utilizado en) las actividades de inversión		
Actividades de financiación[6]		
Cobros por la emisión de obligaciones negociables		
Aportes en efectivo de los propietarios		
Pagos de préstamos		
....		
Flujo neto de efectivo generado por (utilizado en) las actividades de financiación		
Aumento (Disminución) neta del efectivo		

1 Podrían haber sido clasificados en actividades de financiación.

2 Cuando el impuesto a las ganancias o parte de él pueda identificarse con flujos de efectivo asociados o actividades de inversión o financiación deberá clasificarse dentro de estas actividades.

3 Podrían haber sido clasificados en actividades de inversión.

4 Deben separarse las partidas ordinarias de las extraordinarias.

5 Puede presentarse sólo este renglón, pero referenciando a una nota donde se explique su composición.

6 Deben separarse las partidas ordinarias de las extraordinarias.

ESTADO DE FLUJO DE EFECTIVO (Método directo)		
Por el ejercicio anual finalizado el .../.../... comparativo con el ejercicio anterior		
	Actual	Anterior
Variaciones del efectivo		
Efectivo al inicio del ejercicio		
Modificaciones de ejercicios anteriores		
Efectivo modificado al inicio del ejercicio		
Efectivo al cierre del ejercicio		
Aumento (Disminución) neta del efectivo		
Causas de las variaciones del efectivo		
Actividades operativas		
Cobros por ventas de bienes y servicios		
Pagos a proveedores de bienes y servicios		
Pagos al personal y cargas sociales		
Pagos de otros impuestos		
Pagos de intereses[1]		
Pagos del impuesto a las ganancias[2]		
Cobros de dividendos[3]		
Pagos de dividendos[1]		
Cobros de intereses[3]		
....		
Flujo neto de efectivo generado (utilizado) antes de las operaciones extraordinarias		
Cobros de indemnizaciones por siniestros...		
Flujo neto de efectivo generado (utilizado en) por las actividades extraordinarias		
Flujo neto de efectivo generado por (utilizado en) las actividades operativas		
Actividades de inversión[4]		
Cobros por ventas de bienes de uso		
Pagos por compras de bienes de uso		
Pagos por compra de la Compañía XX		
....		

Flujo neto de efectivo generado por (utilizado en) las actividades de inversión		
Actividades de financiación[4]		
Cobros por la emisión de obligaciones negociables Aportes en efectivo de los propietarios Pagos de préstamos		
Flujo neto de efectivo generado por (utilizado en) las actividades de financiación		
Aumento (Disminución) neta del efectivo		

1 Podrían haber sido clasificados en actividades de financiación.
2 Cuando el impuesto a las ganancias o parte de él pueda identificarse con flujos de efectivo asociados o actividades de inversión o financiación deberá clasificarse dentro de estas actividades.
3 Podrían haber sido clasificados en actividades de inversión.
4 Deben separarse las partidas ordinarias de las extraordinarias.

MODELO DE INFORMACIÓN COMPLEMENTARIA*
CUADRO I

Créditos. Clasificación

Créditos
1. CORRIENTES   Actual   Anterior
Por gestión cooperativa con asociados
Cuentas corrientes
Documentos a cobrar
Deudores morosos
Deudores en gestión judicial
Previsión para Deudores Incobrables   _____   _____

                   Subtotal

Otros
Cuentas corrientes
Documentos a cobrar
Deudores morosos
Deudores en gestión
Previsión para Deudores Incobrables   _____   _____

                   Subtotal   _____   _____

2. NO CORRIENTES
Por gestión cooperativa con asociados
Cuentas corrientes
Documentos a cobrar
Deudores morosos
Deudores en gestión judicial
Previsión para Deudores Incobrables   _____   _____

                   Subtotal

_____
* Los modelos que se acompañan son enunciativos, no taxativos.

Otros
Cuentas corrientes
Documentos a cobrar
Deudores morosos
Deudores en gestión
Previsión para Deudores Incobrables   _____   _____

                        Subtotal   _____   _____

CUADRO II

Deudas. Clasificación

1. CORRIENTES

	Actual	Anterior
Gestión cooperativa con asociados		
....		
Subtotal		
Otros		
....		
....		

2. NO CORRIENTES

	Actual	Anterior
Gestión cooperativa con asociados		
....		
Subtotal		
Otras		
....		
....		

CUADRO III

Fondo de asistencia laboral

I.

Saldo al inicio del ejercicio

Importe constituido en el ejercicio

Importe aplicado en el ejercicio   _____

Saldo al cierre del ejercicio   _____

II. Detalle correspondiente a las sumas invertidas en Asistencia Laboral
Económico N° ... cerrado el ...

INVERSIÓN

– Estímulo al personal

– Capacitación al personal

– Otros   _____

        TOTAL DE LA INVERSIÓN EN ASISTENCIA LABORAL

        _____

III. AFECTACIÓN DE RECURSOS

– Utilización del importe total Asistencia laboral   _____

        TOTAL DE LOS RECURSOS AFECTADOS

        _____

CAUDRO IV

Información sobre el Fondo de Educación y Capacitación

I. Saldo al inicio del ejercicio

Importe constituido en el ejercicio
(Según Asamblea General Ordinaria de fecha...)

Importe aplicado en el ejercicio (Apartado II)

Saldo al cierre del ejercicio

II. Detalle correspondiente a las sumas invertidas en Educación y Capacitación Cooperativas del Ejercicio Económico

INVERSIÓN

– Creación y desarrollo de cooperativas escolares

– Creación y desarrollo de bibliotecas públicas especializadas en cooperativismo

– Apoyo a otras entidades cooperativas –en educación cooperativa– mediante el sistema de padrinazgo

– Creación y distribución de material didáctico sobre cooperativismo

– Becas a docentes y alumnos dedicadas a la educación y capacitación cooperativas

– Contratación de espacios en medios de comunicación referidos al cooperativismo

– Transferencia a Federeaciones y Confederaciones cooperativas

_____

– Transferecnias a entidades con personería jurídica sin fines de lucro especializadas en educación y capacitación cooperativas

_____

– Desarrollo e Investigación aplicada

_____

Subtotal

_____

TOTAL DE LA INVERSIÓN EN EDUCACIÓN Y CAPACITACIÓN COOPERATIVA DEL EJERCICIO

===============

III. AFECTACIÓN DE RECURSOS

– Utilización del importe total del Fondo de educación y capacitación cooperativas por el ejercicio

_____

– Saldo imputado a gastos del ejercicio

_____

TOTAL DE LOS RECURSOS AFECTADOS

===============

CUADRO V

Información sobre restricciones de excedente

	Actual	Antrior
Intereses al capital complementario a pagar (Por ejercicio económico)		
Reconstitución de reservas (De acuerdo con el tipo)		
Otros		

(1) clasificar por ejercicio económico
(2) clasificar por tipo de reserva y por ejercicio de aplicación.

CUADRO VI
Versión explícita
Clasificación del resultado

	Actual				Anterior			
	Gestión Cooperativa		Ajenos a la Gestión Cooperativa	TOTAL	Gestión Cooperativa		Ajenos a la Gestión Cooperativa	TOTAL
	Con asociados	Con No Asociados			Con Asociados	Con No Asociados		
Resultados de las operaciones que continúan								
Ventas netas de bienes y servicios prestados								
Excedente (Pérdida) Bruto								
Resultados por la valuación de bienes de cambio al valor neto de realización								
Gastos de Comercialización								
Gastos de Administración								
Otros Gastos								
Resultado de inversiones en entes relacionados								
Depreciación de la llave de negocio								
Resultados financieros y por tenencia								
– Generados por Activos								
– Generados por Pasivos								
Otros ingresos y egresos								
Excedente (Pérdida) ordinaria de las operaciones que ocntinúan								
Resultados por las operaciones en descontinuación								
Resultados de las operaciones								
Resultados por la disposición de activos y liquidación de deudas								
Excedente (Pérdida) por las operaciones en descontinuación								
Participación de terceros en sociedades controladas								
Excedente (Pérdida) por las operaciones ordinarias								
Resultados de las operaciones extraordinarias								
Excedente (Pérdida) del ejercicio								

CUADRO VII

Versión simplificada
Clasificación resultados

CLASIFICACIÓN DEL RESULTADO DEL EJERCICIO

La entidad clasifica los resultados generados por la gestión cooperativa mediante la aplicación del método proporcional, aplicando las siguientes bases de prorrateo:

– Sección N° 1: ..... En función de las ventas /compras (u otra base).

– Sección N° 2: ..... En función de las ventas /compras (u otra base).

– Sección N° 3: ..... En función de las ventas /compras (u otra base).

Los resultados por operaciones ajenas a la gestión cooperativa corresponden a los siguientes conceptos:

	Actual	Anterior
Resultado venta de bienes de uso		
Resultado inversiones permanentes otras sociedades		
Otros		

CUADRO VIII
Cuadro de gastos totales

	Producción	Gastos Gestión Cooperativa				Otros	Gastos Ajenos a la Gestión Cooperativa	TOTALES EJERCICIO	
		Prestación de Servicios	Administración	Comercialización	Res. Fcieros. y por Tenencia			Actual	Anterior
Sueldos									
Cargas Sociales									
Impuestos, tasas y contribuciones									
Papelería y útiles									
Franqueo y telecomunicaciones									
Honorarios profesionales									
....									
TOTALES									

CUADRO IX
Estado de resultados por sección*

Sección: ...

	Actual				Anterior		
	Con asociados	Con no asociados	TOTAL	Con asociados	Con no asociados	TOTAL
Resultado de las operaciones						
Ventas netas de bienes y servicios						
– Por operaciones trascendidas a terceros						
– Por transferencias entre secciones						
Costo de los bienes y servicios prestados						
– Por operaciones trascendidas a terceros						
– Por transferencias entre secciones						
Excedente (Pérdida) Bruto						
Resultados por la valuación de bienes de cambio al valor neto de realización						
Gastos de comercialización						
Gastos de administración						
Otros gastos						
Resultado de inversiones en entes relacionados						
Depreciación de la llave de negocio						
Resultados financieros y por tenencia						
– Generados por activos						
– Generados por pasivos						
Otros ingresos y egresos						
Excedente (Pérdida) ordinaria de las operaciones que continúan						
Resultados por las operaciones discontinuadas						
Resultados de las operaciones						
Resultados por la disposición de activos y liquidación de deudas						
Excedente (Pérdida) ordinaria de las operaciones en discontinuación						
Participación de terceros en sociedades controladas						
Excedente (Pérdida) de las operaciones ordinarias						
Resultados de las operaciones extraordinarias						
Excedente (Pérdida) del ejercicio						

* También puede realizarse en una versión simplificada

CUADRO X

Gastos en función de su naturaleza

	Sección I			Sección II			Ajenos a la Gestión Cooperativa	TOTALES	Anterior
	Directos	Indirectos	TOTAL	Directos	Indirectos	TOTAL			
Sueldos									
Cargas Sociales									
Impuestos, tasas y contribuciones									
Papelería y útiles									
Franqueo y telecomunicaciones									
Honorarios profesionales									
TOTALES									
Totales ejercicio anterior